JN083919

30キロ減キープ

ぷにちゃんの脳内脂肪吸引

人生を爆上げする本気の出し方

カリスマダイエットモチベーター
ぷにちゃん

サンマーク出版

細い子を見て、
「なんであの子だけ
チヤホヤされてんの？」
「細いだけで、顔は全然
可愛くないじゃん！」
って、もやもやしたこと
ある人――――！

華奢（きゃしゃ）でゆるふわ系の
女子がいる合コンで、
腕の太さをくらべられる前に、
自虐ネタぶち込んで、
お笑いデブキャラで
しのいだことある人――――!

好きな人がいるのに、
「どうせ私なんて」と、
自分を選んでくれる
人の中から
彼氏を選んだことが
ある人——！

運動する時間はないのに、
食べる時間はある人――！

はじめまして、ぷにちゃんです。

78キロから48キロまでやせた経験をもとに、
ダイエット女子たちへのメッセージを発信しています。

「ダイエットモチベーター」なんて名乗って、インスタでやせたあとの写真を投稿しているから、私のことをキラキラした女子と思っている人がいるかもしれないけど、
ごめんね、もとはこれ。
私のルーツは、ここ。

ぽっちゃり、じゃないな、「ちゃんとデブ」。
ダイエット開始時は78キロって書いているけど、
それだって正確に測り始めてからのこと。

80キロ超あったのがマックス。
私は正真正銘の、デブでした。

細い子たちが目の前でチヤホヤされるたび、
毎回もやもやしていたのも、私！
いや、もやもやなんかじゃない、悔しくてしかたなかった。
いや、悔しいどころじゃない、憎いまであった。

細くて可愛い子がいる合コンで、
腕の太さを比べられそうになって
「いやいや、これ腕じゃないよ前脚だから！」
なんて自虐ネタをぶち込んでいたのも、私！

自分の「身の程」を考えて、付き合える範囲で男選びをしていたのも、私！
やせたいと言いつつ、食べてばかりいたのも、私！

そう、ぜんぶ、私！
太っていたころの、私！

友達多いし（いま思えば5割は私を引き立て役に使ってた人）、
彼氏いるし（モラハラモンスター）、
べつにやせなくたって、幸せじゃん？
幸せなデブ。いいじゃんいいじゃん、楽しいじゃん？

……でも、それは表向きの私。本当は太っている自分が大嫌い。
昔は自殺未遂をしたこともあった。
モラハラ男に入れあげて、20キロも太った私。
自分に自信がなくて、私にとって私は、何の価値もないただの「デブ」だった。

でも、そんな自分を、
私はダイエットを通して、180度変えた。

私がダイエットしようと決めた日。いまでも忘れることはない、その日のこと。
――そこから、話を始めたいと思う。

友人とショッピングに出かけるために、自宅を出て駅へと向かっていたあのとき。

わぁ
ごめんなさい！
あちゃ〜、
そんなに
ぶつかったかな
ドン！

人にぶつかったと思って振り返ると、親子が倒れていた。

もうすぐ駅というとき、
今度は、おじさんが
ぶつかってきた。

ごめんなさい！
ドォン
いやいや
おっさんもかい!?

おじさんは、
あろうことか
吹っ飛んでいった。

ちょっとちょっと、
私、ぶつかっただけだよね？
みんな吹っ飛ぶなんて、

私、そんなに？
そんなに、重量級？

気を取り直して、
友人との
待ち合わせ場所へ到着。

その日の夕方
友達と待ち合わせて買い物に——
お待たせ〜
ドス
ドス

「洋服見に行こっか」

「いいね！」

新作の、夏らしくて
とっても可愛いトップスを
見つけた私。

「わーー、
かわい……………………」

………でも。
友人は、見ていた。

あんた、それいま
おなか出す服だとわかって
そっと戻したでしょう
あんた、それでいいの?
女の人生、一番キラキラ
する時期にそんな汚い
からだで過ごして
ほんとにいいの!?
ヒィイ…

私が見なかった
ふりをして、そっと、
棚に戻した瞬間を。

オンナの人生、
一番キラキラする時期に
そんな汚いからだで過ごして
ほんとにいいの!?

美しい友人が放った超豪速直球に、私は言葉を失いました。

これまでだって、何度も何度も、
太っているからという理由で
みじめで、情けない思いをしてきたけれど、
私はずっと、
それをなだめながら生きてきた。

……私、ホントにこれでいいのかな？
死ぬときに振り返って、「デブな一生でした」で、本当にいいのかな？

これでいいの〜〜!?
いやあぁ〜

そう、この日こそ、
私が自分のからだに向き合う勇気の扉を開いた日。
この本の言葉はぜんぶ、あの時の私へのメッセージ。
頑張れ、私！　踏ん張れ、私！　目を覚ませ、私！

——ようこそ、ぷにちゃんのダイエットジャーニーへ。

ぷにちゃんのダイエット履歴書

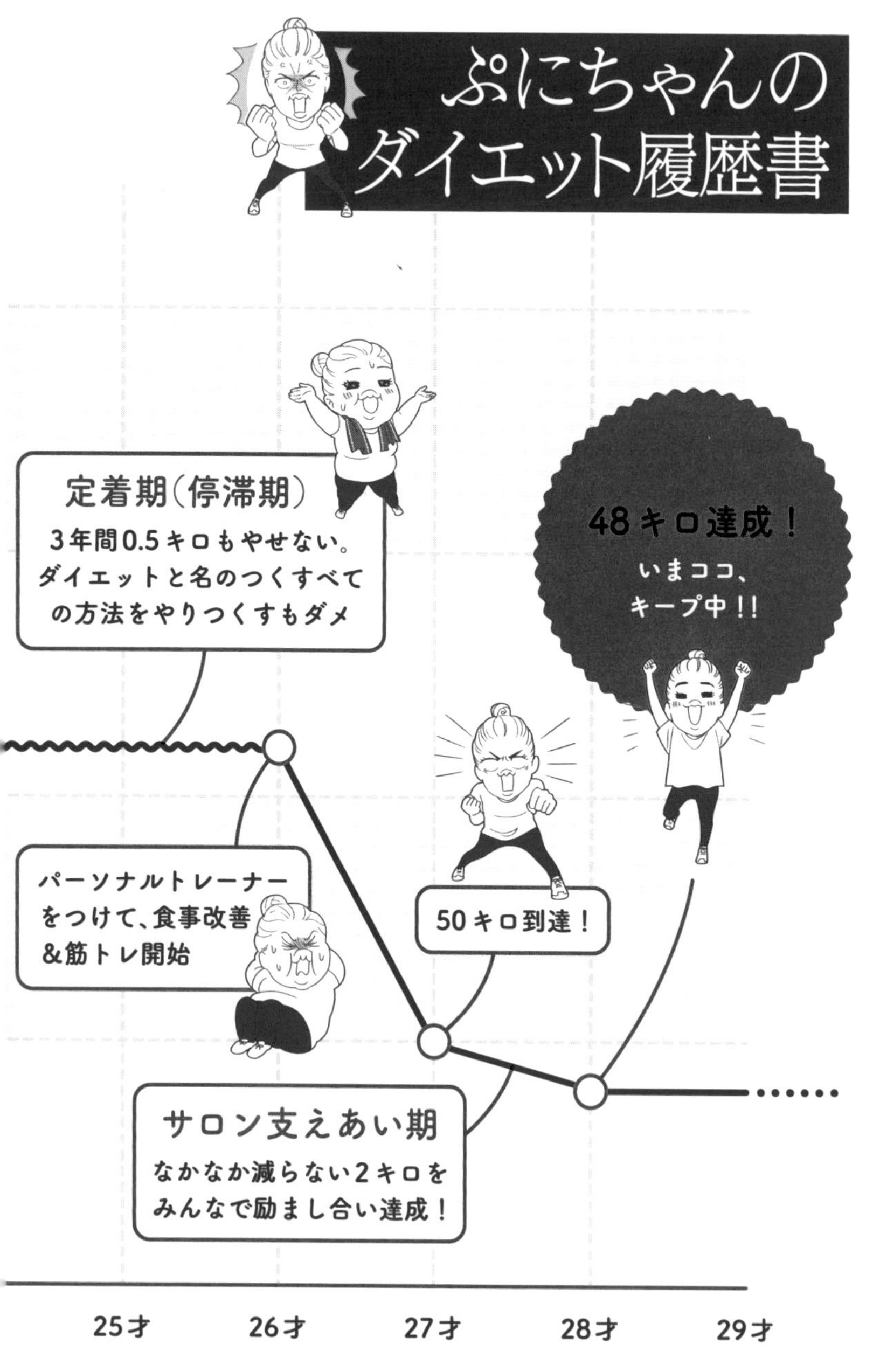

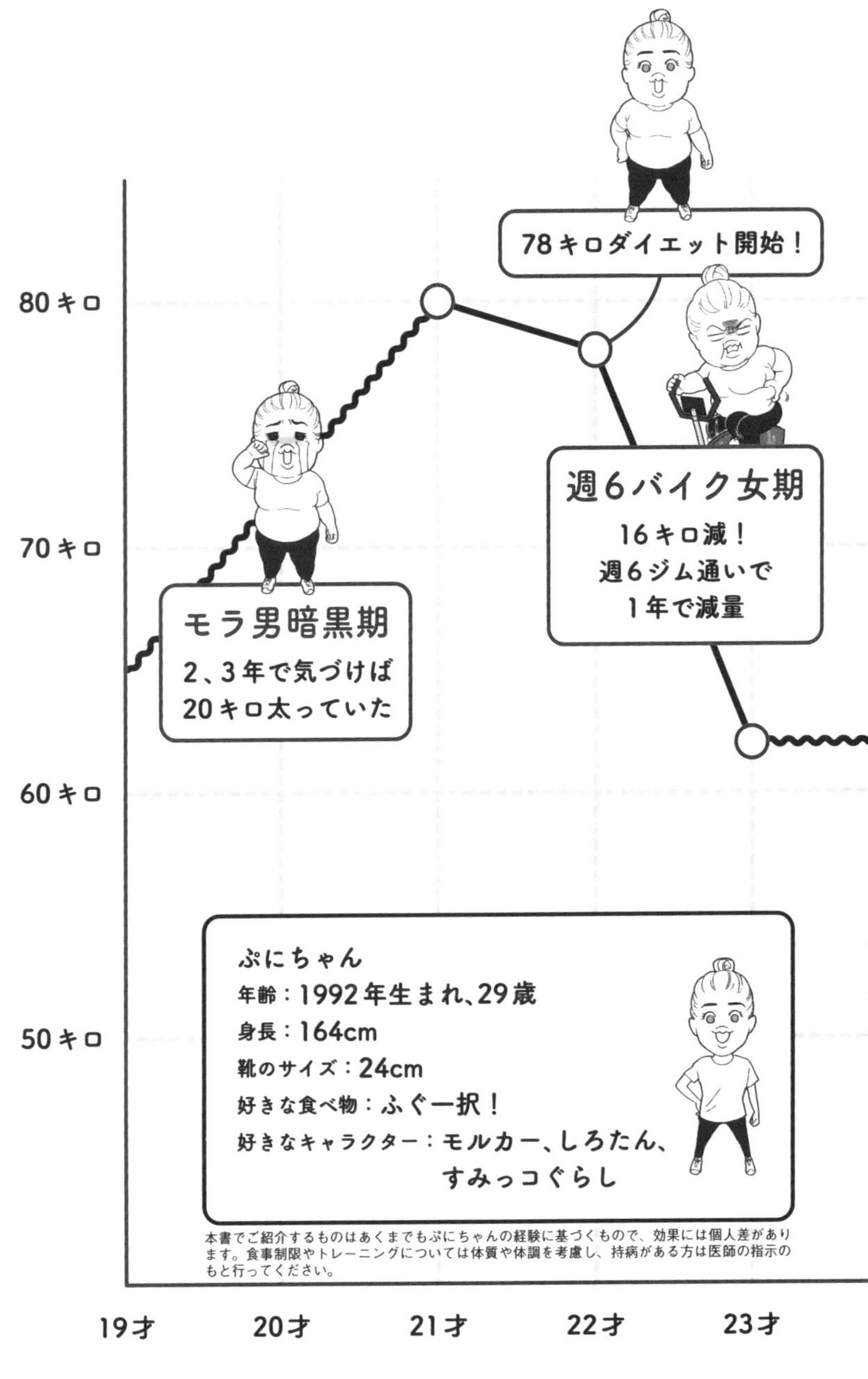

本書でご紹介するものはあくまでもぷにちゃんの経験に基づくもので、効果には個人差があります。食事制限やトレーニングについては体質や体調を考慮し、持病がある方は医師の指示のもと行ってください。

第1章 本気に火をつけるデブ脳矯正プログラム

第2章 べっとりついた脳内脂肪は恋愛の目をくもらせる

第3章

やせたら人生変わるんじゃない、心が変わるから人生が変わっていく

第1章

本気に火をつける デブ脳矯正プログラム

ぷにの鉄則

ダイエッターたるもの、お菓子はゴミ、脂肪は借金と心得よ！

1年で16キロやせてダイエット街道へ

おじさんを突き飛ばし、友達に「このまま汚いからだで一生過ごしていくの？」と言われた日、とにかく私はやせようと決意した。

まず取り組んだのは、スポーツジムに通うこと。なぜかというと、当時の周囲の友達がみんなジムに通っていたから。いざやせようと思っても、何から始めていいかよくわからない。私は友達の付き合いがてら、ジムに通い始めた。

友達がトレーニングしたり、スタジオレッスンしたりしている間、私はバイクをこぎ始めた。みんなが終わるまでの暇つぶしといった感じで1時間から1時間半、長ければ2時間くらいこいでいたと思う。

正直に言えば、決意したわりにはモチベーションは高くはなかった。だって、友達のジムが終わるのをこぎながら待っている、というスタンス。映画やテレビを見ながらこいでいると、さほど苦にもならなかった。

それなのに、結果はあっけなく、思ったよりすぐにあらわれた。

ジム通いを始めて3か月くらいたったある日。友人の家の玄関で、靴を履こうとしゃがみ込んだとき。

「え？　めっちゃ細なってない？　あたしの脚かコレ？」

友人宅の大きな姿見に映る私の脚は、すっきりとむくみがとれ、一回りほっそり生まれ変わっていた。私のダイエットがMAXへとスイッチが入った瞬間だった。

「たったこれだけで、こんなに変わるの？　ってことは、本気でやったらどうなんのコレ？」

そのままジム通いを続けたが、私のモチベーションは完全にON状態。これまでとは目つきも姿勢も変わっていたはず。オリジナルの筋トレを1時間半、そのあとは自転車かクロストレーナーを1時間強。それを週6、ひたすら取り組む日々が始まった。

脂肪は借金

人間は、本気になると、ものの見え方が変わってくる。

単なる友人の付き添いで始めたジム通いだったが、本気で取り組むようになると、

私の中にむくむくと湧き起こってきたのは悔しさだった。

毎日何時間もの運動を頑張れたのは、とにかく、悔しかったから。本気になればなるほど、悔しさがこれでもかと湧き上がってきた。噴出って言葉がぴったりだった。

無心でバイクをこぎながら、私はこれまでの自分の人生を振り返っていた。見下されたこと、バカにされたこと、傷ついたこと……。

そのときは、それに傷ついているのを認めるのが嫌だったから、いつだって隙あらば自虐的な笑いを自分でもぎとりに行った。「面白いヤツだよなぁ」とまた笑われる。笑いをとれたからオッケーなんて、強がっていた。

合コンではいつも盛り上げ役。ほっそい子の横で、「太い腕だなあ」なんてツッコまれようものなら、間髪を入れずに切り返す。「え？　何言っちゃってんの。これ、腕じゃないから、前脚！」とかね。自称、話が面白くて笑わせてくれるデブ。自虐的な笑いをとって場を楽しませる。私はずっとこのキャラクターで生きてきた。でも。

私だって、可愛いとチヤホヤされるほうにまわりたかった。

そんなことをしなきゃいけなかったのは、なぜだったと思う？

全部、全部、この脂肪のせいだろ？

よくもおまえのせいで！

そんなことを考えながら、私はとにかくバイクをこいだ。お腹の肉をつかみながら鬼の形相でバイクをこぐ女……そりゃ誰も話しかけないよね。ブツブツと「これでいいのか？　いいわけないだろ」なんてつぶやきながら、ヘロヘロの状態でバイクにまたがっていたし。たぶん、「あのデブ頑張ってるな～（苦笑）」なんて視線もあったと思う。実際、一緒に通ってた友人のほかにジムで知り合いもできなかったし、話しかけてくる人も挨拶する相手も誰もいなかったっけ。

そのときの私は「この脂肪はいままでの借金。ひとこぎするたびに借金を返せるんだ」って一心だった。

借金なら、返さなきゃならない。これ以上借金を膨らませるなんてことはできないし、ちょっとずつでもいいから、これを払っていつかチャラにしなくては。

借金なんかに、自分の人生狂わされてたまるか！

すごいなと思ったのは、笑われようとバカにされようと、努力は裏切らないということ。週6でジムに通い続けた私は、1年で16キロやせた。

脂肪は借金と同じ。
ひとりでに減ることもないが
返し終えればプラスに転じる。
まず、マイナスを
なくすことから始めよう。

飲み物でカロリーをとるのは愚の骨頂！デブはデブになるものを食べている

ありがとうございます
合計1000キロカロリーです
わ〜い
おいしそ〜〜！
1000
COFF

食事指導でわかった「ゴミを食べていた私」

ダイエット前の私の体重は78キロ。普通のお洋服のお店で売っているS、M、Lサイズはほとんど入らない。サカゼンのレディースとか、ニッセンの10Lまで取り扱っているスマイルランドにお世話になっていた。60キロ台になって、やっとZARAの服が買えるようになったときは嬉しかったな。

喜んだのも束の間、そこから3年、ぴたっと体重が動かなくなった。

ジムは週4で続けていたけれど、全然やせないことに焦りを感じて、パーソナルトレーナーをつけた。ジムでの有酸素運動に、筋トレと食事指導が加わった。これが、食事のとり方を根本的に変えるきっかけになった。

私はこのときやっとわかったけれど、デブ脳は、驚くほどカロリーをとっている。

私の当時の口ぐせは、**「あんまり食べてないのに、なんで太っちゃうの？」**というもの。

いや、そんなことありえない。それがもしありえたら、ノーベル賞ものだよ。食わずに太ることができるんだったら、世界中の食料問題が解決するって。

デブに24時間密着カメラをつけたら、まあ、絶対に食べている。デブは、ちゃんとデブになるような食事をしている。

たとえばお菓子。あれはダイエットをしている人には、ゴミと思っていい。

甘いものを食べると、脳内に幸せホルモンが出てしまう。食べれば食べるほど、どんどん食べたくなってしまってクセになる。砂糖のとりすぎで肌が荒れたり、メンタルがやられたりする人が結構いるというのも、このころ知った。

お菓子をやめられないと言いながらダイエットするのは、綺麗になりたいって言っているのに肌にどぶ水塗ってるようなもの。そんなアホなことあるかいな。

揚げ物もそう。たとえば、サラダなら1キロひたすら頑張って食べたとしても、300~400キロカロリーしかいかない。でもその300~400キロカロリーってポテトチップス1袋ですぐ超えるくらいのカロリー。あんな空気みたいなポテチ1袋が、サラダ1キロと同じというわけ。

あと、デブ脳の人は飲み物でカロリーをとる。あれは本当にもったいない。

カフェラテのトールサイズは、多いものだと220キロカロリー。フラペチーノに

生クリームのせたら、あっというまに400キロカロリー超えだ。タピオカドリンクのLサイズなんか、500キロカロリーもある。あれ1杯でとんこつラーメン1杯と同じくらいのカロリーだ。

これはもう、お金を出して、自ら脂肪と醜さを買っていると思ったほうがいい。私はお菓子を買いたくなったら自分にそう言い聞かせた。

わざわざ金を払って、「脂肪」を買うな。

「唐揚げ？ 何それ？」でスルーせよ。

食欲を天秤にかけてはいけない！

食欲と戦ってはいけない

「食べちゃいけない食べ物はわかっているけれど、どうしても、食欲に負けてしまいます」

わかる！　わかりみが深すぎて奈落の底に落ちるくらい、わかる!!

実際、私の表紙の「ビフォー写真」は、唐揚げが食べたくて食べたくてたまらず、どうしても我慢できなくて食べてしまった自分が情けなくて泣いてしまったときの1枚。我慢している苦しみ、我慢できなかった自分への自己嫌悪。悲しみ悔しさ唐揚げへの憎しみ。あの顔にはそれが全部詰まっているよね。

食欲に負けるというのは、「食べたい気持ち」と「我慢する気持ち」の間で揺れ動いた結果、食べてしまう、ということ。

それは、けっして揺らしてはいけない天秤（てんびん）だ。いつか誘惑に負ける。

そうではなく、「その食べ物は、私の人生に無関係なもの」というスタンスで、世の中の食べ物と付き合えばよろしい。

唐揚げを我慢するのは辛い。

でも、自分の人生には関係ないものだ、と思うとどうだろう。

「唐揚げ？　何それ？　聞いたことあるかも」

くらいに、自分には関係ないもの、というスタンスで「通り過ぎる」べし。

「自分には関係のない食べ物である」と決めよ

一生唐揚げを食べるなと言っているわけでもない。どこかのタイミングで食べたってもちろん死ぬわけでもないし、毎日しっかり運動しているなら、本当のところは1個ぐらい食べたって大勢に影響はないはずだ。もし、「食欲の天秤」にのせそうになったときに、この「無縁スタイル」を思い出すといい。

パンケーキだって同じ。**あれは毒だから私は食べない**と思えば、友達と一緒にカフェに行って友達が目の前でパンケーキを食べていたとしても、すずしい顔でサラダを食べていられる。パンケーキを食べたら死んじゃうんだから、そこに食べる

理由はなくなるし、食べることよりも、友達と楽しく過ごすことが目的なら、パンケーキはあってもなくてもいいよね？

そんなこと言われても、唐揚げやめられません、パンケーキやめられませんって、まだ言うならちょっと想像してほしい。いまここで拳銃突きつけられて「これ食べたら死ぬからな」って言われたら、食べる？　絶対食べないでしょ。そこまでして食べるものでもないよね？　つまりあなたにとって唐揚げもパンケーキも、これまで食べたかったから食べてきたけど、食べなくてもいいものだったってこと。

「食べてはいけない」より「自分で食べないと決める」から効果大

実際に唐揚げもパンケーキも食べないでスルーできるようになるのと同時に、「一生食べません宣言」は、もうひとついい効果がある。

言葉の力は強くて、「私、一生パンケーキ食べません」と言えば、自分自身にとってインパクトを与えることになる。結局、自分との約束が一番効果的。

自分にどや顔で言い切ったからには、それは食べれないよな、となる。

私自身は、唐揚げと粉もの（ピザ・お好み焼き・たこ焼き・もんじゃ）は一生食べないものと宣言している。

そう言うと、「じゃあ、お好み焼き屋に誘われたらどうするんですか」って愚問を投げつけてくる人がいるんだけど、「どうしても食べろ」と言われて避けられない場面なんて、ある？

「ごめんなさい、私、粉もん苦手で」と言えばいいだけ。わざわざ苦手なものを食べさせようとする人はいないし、最悪その場で出されたとしたら「昔、お好み焼きでお腹壊したことがあって、ちょっと怖くて」と言えば、それでも食べろなんて言われないはず。じゃあ、違うものを注文しましょうってなるよね。

だから、そんなことごちゃごちゃ心配している前に、自分とその食べ物を切り離せばいいだけ。

「私は唐揚げを食べてはいけない」と禁止すると、「食べたいのに食べられない」というニュアンスが生まれるけれど、「唐揚げは私には関係のない食べ物である」と、

自分から距離をとる。食欲を天秤にかけるな。

「食べる」と「我慢する」とを天秤にかけてはいけない。「食べてはいけない」から「食べないほうを選ぶ」へと発想を転換せよ。

デブ脳は「やらない言い訳」がひと言めに飛び出す。

起こってもいないことを心配するな！

やせたあと
おなかの皮が
余るのかっこ
悪くな〜い？
アハーン？
やせたあと
シワが増えるよりは
ふっくらしてた
ほうがよくな〜い？
やせてから
心配しろ!!

「言い訳」はデブ脳にべったりついた脂肪そのもの

「唐揚げを一生食べないと言って、会食で出てきたらどうする？」「ほかにメニューがないときはどうするの？」

唐揚げひとつとっても、「もしものときどうするんですか？」「そんなこと言い切っちゃってダイジョブなの？」なんて反応がくる。

やせたいけどやせられないという人ほど、だいたい、いろいろごちゃごちゃ心配しすぎだと思う。

私がそうだったからはっきり言うけど、「起こってもいない心配」は、本当は「食べていい言い訳」が欲しい自分の弱さだと思う。自分に都合のいい「言い訳」を自分に言わせる隙を与えるな。

やせたときにお腹の皮が余ったらどうしようとか、考えすぎ。

やせたときにお腹の肉割れが目立つかもとか、考えすぎ。

やせたときにシワが増えたらどうしようとか、考えすぎ。

大丈夫、やせたあとの心配は、やせてからしよう。

デブ脳は、やせてもいないのにその先のことばっかり心配して、結局動かない。

「肉割れが目立つから」やめとこう。「皮が余るの、カッコ悪いから」やめとこう。「シワが増えるくらいなら」やめとこう。これは、あなたを「そのままでいさせる」ためのやらない言い訳。デブ脳は、いつだってやらなくてすむ、もっともな理由を探す。

大丈夫だから、とりあえずやせてみよう。困ったら、困ったときにまた考えればいいんだから。

それって「明日の朝起きたら、ジャスティン・ビーバーの奥さんになっていたらどうしよう」って心配してるのと同じじょ？　それについていまから考えて、「どうしよう。夜も寝られない」ってそんなアホなことないでしょ。それは、万が一その状況になったときに考えればいいよ。

デブメンタルを駆逐する!

言い訳は、脂肪のわめき。

いつまでも、ここにべっとり居座るために、脂肪が自分に都合のいいことを言っているだけ。やせるには、脂肪にわめく時間を与えないこと。

余計な心配を「それは言い訳だ」と自分で切り替えられるメンタルは必須。

ダイエット仲間たちを見渡してみても、**結果を出している人って、必ずメンタルから変わっていく。**逆に言うと、メンタルから変わらないと、やせることなんてできない。

デブ脳って、脳みそに脂肪がついている状態。だからまず、脳内脂肪を減らそう。

これは私の感覚だけど、デブ脳の矯正には、だいたい1年以上かかると思っていたほうがいい。20代なら1年、30代なら2年、40代なら3年くらい必要な気がする。これまでずっとデブ脳で過ごしてきた蓄積があるんだから、一朝一夕に変わるわけはない。

たとえば、太ってた当時の私のメンタルは、「食事の制限なんかして、人生何が楽しいの？」。毎日サラダチキン食べなきゃいけないなんて、人生マジで終わってる、って思ってた。そんなことしてまでやせたくない、って。

でもそれって結局、私は**食べることしか楽しみがなかったから、そう思ってたんだよね。**

やせたあとのそこから先の楽しみを想像できないから、自分を太らせるような食べ物ばっかりバカスカ食べてた。

やせたらそれは変わった。**私を美しくしてくれる食べ物が、うまい食べ物。**そう思えるようになった。

最近知ったんだけど、「食べるために生きるな。生きるために食べよ」って言葉があるんだって。

まさにそれ！　ソクラテスパイセン、マジいいこと言う！

食べるために生きるんじゃない。ぷにアレンジするなら、「美しくなるために食べよ」だね。

あのころの私よ、聞け！「食べるために生きるな！」

やらなくてすむ言い訳、やせなくてすむ言い訳、それを噴出させるのが脳内脂肪。

「好きなものをおいしく食べながらやせよう」は難易度が高い。ダイエットスターターにはワナと思え

思考停止で「エサ」をぶち込め

ダイエット中の食事の話をすると、「ぷにちゃんは、毎日似たようなものばかり食べて、飽きないですか?」という質問を受ける。

私は普段、PFCバランス(タンパク質・脂質・炭水化物のバランス)を計算するのが面倒だから、「これ食っとけば間違いない」というものを食べている。

これは、パーソナルジムでの食事指導を参考に、自分の中で試行錯誤して見つけた、ぷに流の「これ食っとけば間違いないシリーズ」。

サラダチキンやぷに丼(玄米:もち麦=3:1のご飯100グラムに、鶏むね肉をのっける丼)がメイン。コンビニの糖質の少ないおかずも結構たくさんあって、いろいろ試して自分のお気に入りを見つけている。

味に変化が欲しいときは、1食100キロカロリーの「マイサイズ」というレトルトのルーをかける。カレーのほかにも親子丼とか中華丼とか、バリエーションもたくさんあって重宝している。

それが毎日でも私は飽きない。味気ない気持ちになるときがないわけではないけれど、そもそも、**飽きるとか飽きないとかそういう概念を私はまず捨てている。**

少し過激かもしれないけれど、「食事を楽しみながらやせたい」なんて言っていいのは、ある程度やせて、それを維持し、そのからだでの生活に慣れてきた人だけ。まだやせてもいないうちから「おいしく食べながらやせましょう」は無理。

それまでは、食事は「エサ」だと思って「とりあえずこれを食っとけば間違いないシリーズ」を、思考停止でぶち込む。

飽きた、飽きない、とか、おいしい、おいしくないなんてぜいたくは、やせてから言えばいい。まずは、やせる食べ方を自分に教えてあげることだ。

自分がその食べ物を好きとか嫌いとか飽きるとかは、いっそ考えない。**どうやったらやせるのかを自分のからだに徹底的に叩き込む。**最初に「やせるメカニズム」を自分で理解できないと、その先が続かない。

たしかに、毎日ささみとか鶏むね肉を食べていると、ときどき「うえっ」てなることもある。戻しそうになりながら、なんとか涙目で飲み込む日もある。

めちゃくちゃおいしいかと言われると、そんなうまくもない。けど、食べられないわけじゃない。だから、それはもう「エサ」だと割り切っている。「ちょっとうまい干し草食べてる」って思えばいい。

取り込むカロリーに目を凝らして敏感になれ

ダイエットを始めた最初のうちは、どの食べ物を食べたらどれくらいのカロリーになるのか、見当がつかなかった。とにかく口に入れるもののカロリー表記を見た。いつも食べるものは、その都度見る。

ドレッシングや調味料など、味が変わるだけでカロリーに変化があることも知った。コンビニで見かけた新商品は、とにかく裏のカロリー表記を見る癖がついたころ、カロリー表示を見なくても、だいたい何キロカロリーの食事をしたか、自分でもわかるようになってきた。

少なくともその程度になるまで、**自分が口に入れるもののカロリーを、感覚的に把握できるようになる**といいと思う。自分が取り込むものに目を凝

らして、きちんと把握すること。

それが日常的にできるようになって、正しい食べ方がからだに叩き込まれると「この範囲だったら好きに食べても大丈夫」というのが感覚的にわかるようになる。

そうなってはじめて、自分の好きなものや、おいしいと感じるものを、ちょっとずつ選び、取り入れていく。

それがわかるようになるには、最低でも1年くらいかかるというのが体感。そこに至るまでに「ダイエットしながら食も楽しむ」とか、「心にゆとりをもってゆる〜くダイエット」なんてのは無理。ダイエットをからだに叩き込む最初のスタートダッシュ時に、「食の楽しみ」も欲しがっちゃダメ。

「なんとなく食べ物を口に入れる」というデブ脳をまずは矯正しなければならない。デブ脳では、いつまでたってもやせない。

デブ脳の矯正って、歯の矯正に似てると思う。つけたり外したりしていたら、全然進まないでしょ。それと同じ。きれいに矯正を終えたら、そのあとは寝るときだけのマウスピースで済むのだから、最初にあれもこれもと欲張らない。

私はいままでは、普段はエサを食べながら、誰かと一緒にいるときには普通に好きな

ご飯を食べて、そこでメリハリをつけている。外食することも多い。でも、まだデブ脳が矯正されないうちに、トッピングにチーズのっけたり唐揚げガンガン食べていたら、絶対にやせない。

ヒマだからって、食べるな。食事はやせるための「エサ」と思え。食べてしまうなら寝たほうがまし。

何を食べ、どう動き、どう休んだか。自分観察で基礎をつくれ！

ダイエットとは「本気を出す絶好の練習場」

ダイエットは、自分に向き合う練習だ。自分を知り、自分を好きになるための一番よい訓練。それがダイエットである。

その日、自分が何を食べたか。どれくらい運動できたか。これを知ることは、自分の生活そのものと本気で向き合うことになる。というか、いままでこれができなかったから、デブだったと思え。

いま私は、「ダイエットは本気を出す練習」だと言ったが、かつての私は、「私は本気さえ出せば、いつでも変わるはず」と思っていた。そう、デブ脳の人ほど、自分に過度の期待をしがちだ。

これまで本気のスイッチを入れたことがない人間が、そのスイッチがどこにあるかもわからない人間が、どうやって本気出すというのか。本気を出したことがない人が自分の本気を知ってるはずがない。自分の頑張りの限界を知るはずがない。

ダイエットは、その限界の突破の仕方を教えてくれる。**ダイエットに成功す**

る人は、自分に自信を持つことができるようになるし、仕事でも勉強でも、自分の限界を突破することができるようになる。

たとえば、どうして一流企業の人たちが、学歴を一定の基準にして学生を採用すると思う？　その人が一度でも勉強に本気になれたかどうかが、それでわかるからだ。いままでの人生で本気で勉強したことがない人は、東大に入れない（一部の天才をのぞく）。東大に入るためには、ある程度の勉強の基礎訓練が必要だから。

ダイエットも同じ。何の基礎もない人が、「本気出したらやれる」と言っても、自分の本気がどのくらいかわからない状態では話にならない。まず、基礎を鍛える。

ダイエットの基礎といったら、自分のからだを知り、向き合うこと。

毎日、朝は何を食べたのか、どんな運動をしたか。昼はどう過ごし、夜はどう眠ったか。食べたもの、活動量、睡眠の質、自分がそれまで「なんとなく」過ごしてきた一日一日を、丁寧に追いかけて観察すること。

口にするものをひとつ残らずすべて記録する方法とか、体重を四六時中測る方法もあるよね。食べたものを書いたり、トレーナーに見せたりも、自分観察のひとつ。その地道な取り組みが基礎になる。

デブ脳が忘れていた「空腹」を取り戻せ！

たとえば、太っていたころの私は欲望のままに食べていた。「お腹がすいた」という感覚もなく、「お腹がすいたから食べる」のではなく、「お腹に余裕ができたら」とにかく食べ物をぶち込んでいた。

自分に、自分が口にするものに、意識を向けよう。まず、空腹を感じることから始めてみるのもいいと思う。

ぷにの鉄則

他人の成功例より自分の"負けパターン"を明確にせよ!

ドカ食いしてしまうなら「やせおやつ」を持ち歩け

私は言うまでもなく、ダイエットの失敗を無数に繰り返してきた。ダイエットをするときには、自分のウイークポイント、「自分が挫折しやすいポイント」を知っておくとよい。

・普段から食べすぎてしまうのか、
・お菓子が止められないのか、
・お腹がすくと所構わず暴食してしまうのか。

こういった自分のタイプを知っておくことによって、ダイエットの挫折のリスクがかなり減る。

私の場合は、お腹がすくとドカ食いをしてしまうタイプだった。
お腹がすいた状態のままコンビニに入ると、余計なものを買って余計なものを食べてしまう。そういうタイプ。だから、お腹がすいてきたなと思ったら、そこで買い食

いしてしまわないように、いつでも食事を持ち歩いていた。

60キロから50キロまで落としたときは、毎日、粉末のプロテインを少量の水分で固めた「エサ」みたいなものを焼いて、ジップロックに入れて持ち歩いていた。いままで言うプロテインパンケーキと呼ぶにはあまりにもお粗末な、水分のない粉の塊だった。お腹がすいたと思ったら、それをさっと食べる。**0・2秒で食べられるものを、常に持ち歩く**ことで、空腹の時間を減らしていた。

ちなみに、空腹を長引かせないようにすることは、いまでも意識して続けている。

あまり食べる時間がなくてお腹がすいてきたときは、次のご飯まで待たずに、コンビニに寄ってタンパク質が豊富なソーセージやサラダチキンなどを買う。そしてそのまま、コンビニの前でむさぼり食う。そうすると変な欲求も収まるし、お腹がすいているというストレスもなくなる。

たとえば、お腹がすいてる状態でプリンを見たら、「うわ、プリン食べたい」と思うかもしれないけれど、サラダチキンを1個ぶち込んだあとは、結構胃も満杯状態なので、プリンを見て衝動的に食べるということはなくなる。

サラダチキンは、1個で100キロカロリーくらいだけれど、ポテチを食べてしまえば5枚で同じカロリーに到達してしまう。私の場合は、空腹時間をなくすことで、そういった痛恨の買い食いを防ぐことができた。

私の場合は、空腹による思わぬドカ食いを減らすのがポイントだったけれど、普段から食べすぎてしまう人なら、満腹になったときに食べるのをやめて、空腹を感じたらまた食べる、というふうに、食事の回数を増やして胃を小さくする。

お菓子がやめられないという人なら、変に代用品を食べずに、「1日1個」と決めて好きなものを食べるか、先に食べたいおやつの分カロリーを消費しておくという約束にするといいと思う。たとえば、180キロカロリーのアイスなら、先にその分をバイクをこいで消費してから食べる、といったように。

「食べる前ですか？　食べたあとじゃダメ？」と聞く人もいるかもしれないけれど、デブ脳だった私に言わせれば、デブ脳は食べたあとにできると思っているがたいていできない。そのくせ、やれると期待しているから、できなかったときにストレスを感じる。どうせあとからはできないから「先にやっておく」。

デブ脳はいつも自分に「期待」する

人はつい自分に期待をしてしまう生き物だ。「いや、これぐらいなら頑張れるはずだ」とか「これぐらいなら我慢できる」とか。デブ脳はとくに、自分への変な期待がはなはだしい。自己分析できていない証拠。

現実を見ろ。「これくらい頑張れる」が頑張れなかったから、いまがある。「これくらい我慢できる」ができなかったから、いまがある。

やせる努力より、まずは太る努力をやめることから始めるべし。

我慢できずにドカ食いしてしまう機会をできるかぎり消去する。お菓子を食べたくなったらサラダチキンをすかさずぶち込む。自分のウイークポイントをしっかり把握して、先回りして手を打っておく。

やる気だけはあったのに、結局我慢できなかったりして、自分の「負けパターン」に陥ってしまって、努力が水の泡になるのを防ごう。せっかくトレーニングしたのに、そのトレーニングが無になってしまうのはもったいない。

ダイエットは、誰かの「成功例」ではなく自分の「負けパターン」を知ることから始めよ。

私の負けパターンは何だろう？　あれこれと新しいダイエットに手をつけるばかりで、振り返りをしていないなら、まずは自分の「負けパターン」を知るべし。「これで5キロやせました」なんて、誰かの体験談に振り回されるのは不毛。誰かの成功例じゃなくて、己の負けパターンを知る。

どこかの成功例に興奮するデブ脳をいったん冷静に落ち着かせて、その分析をすることが大事だと思う。

ぷにの鉄則

ダイエットに「うまい話」はない！ 運動しながらやせろ！

なぜ人は、ダイエットにだけは「秘策」があると思うのか

デブ脳は、あわよくばラクしてやせたいと思っている。

いや、絶対に、ラクしてやせたい。苦労してまでやせたくない。これがデブ脳の本音だ。

基本的に努力はしたくないから、寝ながらやせるとか、履くだけでやせる、とか飲めばやせる、という情報に振り回される。かと思えば、食べながらゆるく綺麗になりたいとか、とにかく他力本願でやせたがる。

だから、ファスティングだったり、変な水を飲んだりするんだけれど、**そんな甘い話、あるかっての！**

ファスティングはたしかに1週間で5キロやせるかもしれない。でも、それってただ水分が抜けているだけ。だから体重は減るけれど体型は変わらない。鍛えてやせた

5キロとは天地の差。見た目もサイズもほとんど変わらない。ちょっとお腹がすっきりしたかな、ぐらいのもの。そして次の日ご飯食べたら、ぐんと戻る。

ファスティングの目的は胃腸を休めることだから、ダイエット目的にファスティングを行うのは間違っている。

酵素ダイエットやコールドプレスジュースダイエットも同じで、まずいと言いながら頑張って飲んだのに、ご飯食べたら、どんとリバウンド。デトックスできるとか、肌が綺麗になるとか言うけれど、これだったら、タンパク質を食べて、普通に運動したほうが肌は綺麗になるし、からだだって綺麗なラインになる。

私が試したダイエットの中で最悪だったのは、脂質の吸収を抑えるというダイエット薬。脂質の吸収を妨げるから、便と一緒に脂が排出されるというもの。脂が勝手に出ていってくれるならありがたい、と思ったらそんなうまい話ではなかった。

たしかに脂は出ていくけれど、それがコントロール不能。脂っこいものを食べると、あろうことか、次の日に脂がだだもれる。ナプキンを付けていないとショーツどころかデニムまでウンチ臭い脂で汚れるという大惨事に。

やせたい、綺麗になりたい、そう思ってダイエットするのに、脂を垂れ流してるなんて。あのときは本当に泣きたい気持ちだった。トイレは脂でギトギト。嗅いだことのない臭いに悶絶(もんぜつ)したし、汚れがなかなか落ちなくて本当に最悪のダイエットだった。

1の努力しかせず100の結果を欲しがるデブ脳

こんなふうに、ジムに週4で通っても体重が減らなかった停滞期の3年間、私はありとあらゆる、おそらくほぼすべてのダイエットを試したけど、結論は、「どうしてダイエットのことになると、あたしはアホになるのか？」ってことだった。

たぶん、私だけじゃないよね？

どうしてみんな、ダイエットに関してだけ、とっておきの秘策があると思うんだろうね？

逆に聞きたい。いままでの人生で、「ラクしてお宝ざくざく」みたいなうまい話あったのかって。いままでそれを探し続けて、お宝見つかりましたかって話。

お金稼ぐのだって、「◎◎だけで！」「面倒一切なしで」「指一本で」儲かりまっせ！　って話、あれってだいたい怪しい詐欺だったりするよね？

わかってるはずなのに、なんでダイエットにだけ、そんな「うまい話」があるって思うんだろう。あるわけないよね？

当時の私も、それまでだってがむしゃらに運動して16キロやせたのに、どうしてかそれを忘れて、もっと効率のよい別の方法があると思っていた。

自分は1の努力しかしないのに、１００の結果を欲しがる。これって、デブ脳。

すべての物事において、1の努力の対価は、1。もし、１００の結果が欲しいなら、１００の努力をしなくちゃいけない。

小学生ならわかるのに、なんで大人になると、コロッと忘れて、「ラクしてうまくいこう」に魅かれるんだろうね。これこそまさにデブ脳の仕業だ。

食べるものだけでやせようとするな

「とにかく運動せずにやせたい」と思うなら、デブ脳の仕業。からだを動かさずにすむ方法を考え出すのはデブ脳の特技。

専門家の中にも「食事だけでやせましょう」とあおるようなことを言う人もいて驚くけれど、たしかに、「運動しなくてもやせますよ」っていうのは、デブ脳には耳あたりがとてもいい。救世主が来たと思う気持ちもわかる。でも、ちゃんとしたダイエットの指導者だったら、必ず**「運動と食事、両方セットでやせなさい」**と言うはず。耳に痛いけれど、運動もしましょうね、って。

基本的に、摂取カロリーより消費カロリーが上回れば、からだは次第にやせていく。カロリーの引き算が、マイナスならいいわけだ。私は食べるものを低カロリーに抑えつつ、運動することで消費エネルギー量を増やして少しずつやせていくことを徹底している。私にとって、運動は必須だ。

なぜかというと、食べるものだけでやせようとすると、単純に体調不良に陥りやすいから。体力が落ちるスパイラルに陥る。

食事を減らすと、からだは省エネモードになって、からだを動かすのがおっくうになってくる。

たとえば、100キロカロリーを減らしましょう、というとき。

消費カロリーを100キロ増やすなら、バイクを30分こぐことになる。それが、食べ物を減らすとなると、お茶碗半分くらいのご飯を食べずにいればいい。

お茶碗半分を単純に我慢するのか、100キロカロリーをバイク30分こぐことで消費するか、カロリー計算でいえば、どちらも同じに見えるし、食べずにいるほうが、手っ取り早い。

100キロカロリーなら余裕じゃん！　と思うかもしれないが、これが運動と食事とで500キロカロリー減らすのと、食事だけで500キロカロリー減らすのとでは話が変わってくる。

なによりからだへの影響が大きい。省エネモードになったからだは、「行動」よりも「動かない」のほうを選ぶ。

実際にからだを動かす燃料が投下されないから、いろんな行動がおっくうになってくる。食事とらない、動かない（動けない）、動かさない筋力は自分を用なしと見なして衰えていく、さらに動かなく、動けなくなる。それが負のスパイラル。

人のメンタルは行動に引っ張られる

やせてどうしたいのかと聞かれたら、間違いなく、楽しみたいからでしょう？

仕事の集中力を上げてなるべく早めに切り上げて、夜は飲みにも行きたいよね？大勢の人が集まる飲み会にも華麗に参加したいし、夏は海ではしゃぎたい。

これってどれも、絶対的に体力が必要。せっかくやせて、仕事を頑張ったけど、もう疲れ切って家に帰るのがせいいっぱい、土日は疲れて起き上がれません……じゃあダメだよね？　結果的に、メンタルを病むことだってあるんだから。

人はからだにメンタルが引っ張られる生き物。「私じつはメンタル病んでて病院通ってて……」って人が、毎日サーフィンしてるってこととってたぶんない。

行動するための体力をつけるためにも、カロリーの調整は手っ取り早い食べ物だけじゃなくて、運動による消費と食事との両方で行う。

やせたら終わりじゃない、**やせてからが、本当の人生が待ってるんだからね。**

「運動＝ストレス」は思い込み

「頑張りすぎてストレスになるのは逆効果だから」という理由で、運動はしないで食事制限だけ、という人もいる。ダイエットを頑張りすぎてストレスをためると、やせないメカニズムが働きますよ、とか。

何がストレスじゃや。そんなことを言って自分を甘やかしているから、永遠にストレス耐性が低いんだって。

そうやって自分を甘やかしているとね、自分の器ってどんどん小さくなるよ。器が小さくなったら、入るものも入らなくなる。「運動することがマジ、ストレス」なんてやっているから、一生ストレスなの。

そもそも、自分のマインドが変われば、まずストレスの根源がなくなる。

運動することで自分が変わっていく過程をちゃんと自分で目の当たりにして、人に褒められて、認められて、「きついけど、乗り越えたらいいことが待ってる！」って

腑に落ちたら、運動はストレスなんかじゃなくなる。

むしろ、「早くバイクこぎてぇ！」ってなる。それが、本当の意味でのストレスをなくすってこと。

運動から逃げることがストレスをなくすことじゃないよ。「やらなかった自分」に直面することのほうが、よっぽど大きなストレスじゃない？

「食事制限も、辛い運動もなし。食べながら、ノンストレスで10キロやせる！」こんな戯言を信じるのがデブ脳。

ぷにの
鉄則

短期間でやせようとするな！「期間限定ダイエット」は、その維持ができるのも期間限定

2週間で5kg減！
OK!
そうじゃない！

ダイエットはボクサーがやる「減量」ではない

「30キロやせました」と私が言うとき、必ずこんな第一声が返ってくる。

「すごい！　どのくらいの期間で？」

「1年？　半年ですか？」とか、必ず「どれくらいの期間で？」って期間を聞かれる。

ほんとに、みんながみんな、口をそろえて、「どれくらいで？」って。

でも、ダイエットに大事なのは「何か月でやせたか」だっけ？　違うよね。

「それを何年維持できたか」がすべてじゃない？

たとえば私にとって一番大事なのは、このからだを維持するということ。半年死ぬ気で30キロやせても、一瞬で30キロリバウンドしたら、それって何のイベント？　意味ないでしょ？

デブ脳って、とにかく「極端」。思考回路がいつだって、ゼロか100。

だから、取り組むダイエットも、とにかく極端。断食道場、ファスティング、置き換えダイエット……。「2か月で10キロ減量、すごい！」って、極端な方法と極端な

成果に、すぐに目をくらませる。

これはダメ！　うっとり目を閉じてる場合じゃない！　１００パーセントとか、１５０パーセントの力を出して３日で燃え尽きてどうするの？

１週間ジムに通いまくって、極端に食事制限もして、エステも行って、あれもこれもやって、筋肉痛に空腹感に寝不足に……で、「ああ、もうしんど、やっぱ無理」ってなったら、結局何も変わらないでしょ。

やらなきゃいけないのは、真逆のこと。

自分ができる範囲のことを無理なくやる。自分の50パーセントの力で、毎日続けるのがダイエットだからね？　え？　初耳？

これは一度よく考えてほしいんだけど、私たちがするダイエットと、プロボクサーの減量は、まったくの別物。

ボクサーには、測定日というゴールがある。言ってみれば、彼らがやっているのは、終わりがある減量。でも、私たちのダイエットに終わりはない。たいていの場合。

少なくとも、私のダイエットには終わりはない。だって、私は一生、このやせたプロポーションを保つために、ダイエットし続けようと思っているから。

これは私の体感だけれど、**ダイエットを続けた期間の約半分で、からだって元に戻ってしまう。**1か月ダイエットをしても、ダイエットをやめたら半月でリバウンドするってこと。私は6年超かけてダイエットを続けているけれど、もしいまここでダイエットをやめたとして、3年は、元に戻るまでに時間がかかるってこと。現実的には筋力も体質も変わっているから、戻るほうがむずかしくなっているはず。

一瞬だけやせて、その一瞬の間だけ、いい夢を見られればいいってわけじゃない。

もう一度言う。ダイエットは減量ではない。時間をかけよう。

ダイエットを「祭り」にするな

じゃあ、私たちにとって正しいダイエットは何かというと、**「自分のライフスタイルを変えていくこと」。**

ボクサーの減量みたいな「祭り」じゃなくて、「日常」。歯磨きとか、顔を洗う、みたいな「日常作業」。ダイエットを、そんな日常作業にすること。で、日常作業にす

れば、間違いなくやせられる。

「2か月で10キロ減量」にくらべたら、「ライフスタイルを変えていく」って言葉は、まぁ地味だよね？　でも大事なのは、「祭りだったらやれるけど、日常的に地味にやり続けるなんて無理」というデブ脳を変えること。

1週間のファスティングはできるかもしれない。でも1年は無理でしょ。そうじゃなくて、太りにくい食事を選んで一生続けるのがダイエット。

私のサロン生の中にも、「ぷにちゃんと一緒に自転車こいでも1か月に1キロしかやせないんだけど、本当に大丈夫？」って言う人がいる。「もっと負荷かけたほうがいい？」と質問してくる子もいる。

いやいや、負荷なんかかけんでいいのよ。なんなら、足をペダルにのっけてるだけでいい。その、毎日続けていることが大事。正解。ひと月で1キロやせられたということは、1年で12キロやせられるってことだからね。

「○か月で○キロやせてやる！」って結果を急ぐデブ脳って、自分の小さな変化に気づけなくなっている。

変化に気づかない。変化に気づけないから続かない。このループにはまってしまう。

「続ける人」だけが、自分のからだに起こる「小さな変化」に気づくことができる。「腰の肉の盛り上がりが減ったかも」「足のむくみがとれたかも」とかね。

だから、ダイエットは急がない。時間をかけた努力は、絶対に裏切らない。

ダイエットはイベントじゃない。
地味に続けた人の勝ち。
努力は裏切らない。
いつでも裏切ってきたのは
自分自身。

停滞期は定着期。「これ以上リバウンドしない」踊り場だ!!

「停滞期」がないダイエットはダイエットじゃない

それまで順調に落ちてきた体重が、ぴたりと落ちなくなる。いわゆる停滞期というものがやってくる。停滞期って名前、私はよくないなぁって思う。

停滞期って、間違いなく「定着期」だから。体重が落ちなくなった＝この体重をからだに叩き込んでいる期間と思ってほしい。

人間には、元のからだに戻ろうとする「ホメオスタシス」があるから、一時的にやせたからだは、元の太ったからだに戻ろうとする。これって自然の摂理。だから、元に戻ろうとする力に逆らって、「これが私の新しいからだだよ〜」と、新しい体重をからだに定着させる時間が必要。

階段で踊り場ってあるよね？　定着期って、踊り場。実際ここが長く続くと、ストレスなのはすごくよくわかる。私も何度も踊り場を経験したから。最長の踊り場は3

年間続いた。

でも、踊り場があるおかげで、10階から1階まで一気に転がり落ちることってないよね？

体重もこれと同じ。体重減少が停滞する場所だけど、同時に「もうそれ以上には戻らない（太らない）場所」とも言える。

今後体重が増えてリバウンドの兆しが見えたとしても、この定着期をしっかり過ごせたなら「これ以上はリバウンドしないボーダーライン」になれるってこと。

定着期はじつはダイエットにとってすごく大事な期間で、このときに焦ってダイエット方法を変える人がいるけれど、そうすると絶対にリバウンドする。

「これ以上同じことを続けてもやせないかも」と、ここまで自分を連れてきてくれたダイエット法を捨てて新しいものに変えてしまうのはNG。先にお話しした、ありとあらゆるダイエットを私が試したのもこの定着期だったけど、自分のこれまでの努力のほうを信じたほうがいい。

停滞期、と考えると、それを1日でも早く打開しようとするけれど、打開の必要な

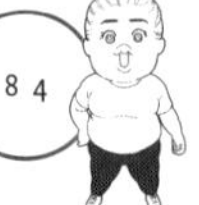

んてない。これまでのダイエット法を粛々と続けていればいいだけ。

人によっては1年くらい定着期が続くこともあると思う。一緒にダイエットを始めた人が、どんどん体重が落ちていくのを見ると不安になるかもしれない。

でも、心配無用。1年以上その体重をキープして「これはしっかり定着したな」と感じたら、これまでのダイエット法にプラスして、有酸素運動を少し増やすとか、食事を見直すとかするといい。

私みたいに、ここで変にファスティングしてみたり、チートデイを入れたりすると、リバウンドの危険大。いままで自分の体重を落としてくれた方法を疑わないで、何かを「足す」という考え方がいいと思う。

体重だけじゃない！「メンタル」もからだに叩き込め

定着期って面白くて、自分の体重を定着させているだけじゃない。

「新しいメンタルを叩き込んでる時期」でもある。

見た目が変わると、いろんなことが変わる。人からの見られ方はもちろん一変してしまう。周囲の人があなたにどう接してくるかも変わるし、あなたの行動への相手の反応も変わる。これはもう、もののみごとに。

あなたが見ている景色は、はっきり言って一変すると思う。

とくに、男の人の〝手のひら返し〟に人間不信になる人もいる。

だからこの定着期は、**新しい自分に見合ったメンタルを成長させる時期**でもあると考えるべし。

自分を信用できないダイエットは、いつか必ず破綻する。だから、やせた自分のからだに、自分のメンタルを追いつかせていく。これが大事。

ダイエットの最重要ポイントは、時間をかけて自分の努力を肯定していくこと。やせることで自分を好きになったり、自己肯定感がゆっくりと育っていくことが一番大切なこと。

からだだけじゃなくて、心もセットで成長してはじめて、人は綺麗になるし、モテるようになるし、幸せになれる。

だから、からだと一緒に、メンタルを変えて育てていくことがすごく大事。
もう一度言います。停滞期は、定着期。
踊り場に到達したら、「やった！　おめでとう私！」だよ。
新しい体重と、新しいメンタルを、存分に自分に叩き込む場所だから。

停滞期は「定着期」。余計なことをせず、自分を信じてゴリ押せ！

ダイエットには「お金」「時間」「労力」の3つが不可欠。ひとつも欠かすな!

郵 便 は が き

料金受取人払郵便

新宿北局承認

8890

差出有効期間
2023年 7 月
31日まで
切手を貼らずに
お出しください。

169-8790

154

東京都新宿区
高田馬場2-16-11
高田馬場216ビル 5 F

サンマーク出版愛読者係行

ご 住 所	〒 都道府県	
フリガナ		☎ ( )
お 名 前		
電子メールアドレス		

ご記入されたご住所、お名前、メールアドレスなどは企画の参考、企画用アンケートの依頼、および商品情報の案内の目的にのみ使用するもので、他の目的では使用いたしません。
尚、下記をご希望の方には無料で郵送いたしますので、□欄に✓印を記入し投函して下さい。
□サンマーク出版発行図書目録

1 お買い求めいただいた本の名。

2 本書をお読みになった感想。

3 お買い求めになった書店名。

市・区・郡　　　　町・村　　　　書店

4 本書をお買い求めになった動機は?

・書店で見て　　・人にすすめられて
・新聞広告を見て(朝日・読売・毎日・日経・その他＝　　)
・雑誌広告を見て(掲載誌＝　　)
・その他(　　)

ご購読ありがとうございます。今後の出版物の参考とさせていただきますので、上記のアンケートにお答えください。**抽選で毎月10名の方に図書カード(1000円分)をお送りします。** なお、ご記入いただいた個人情報以外のデータは編集資料の他、広告に使用させていただく場合がございます。

5 下記、ご記入お願いします。

ご職業	1 会社員(業種　　) 2 自営業(業種　　) 3 公務員(職種　　) 4 学生(中・高・高専・大・専門・院) 5 主婦　　6 その他(　　)		
性別	男・女	年齢	歳

ホームページ　http://www.sunmark.co.jp　　ご協力ありがとうございました。

自分を好きになるダイエットをしよう

ダイエットの目的って、いろいろあると思うけど、ダイエットをすることによる、一番の素晴らしい対価って、自己肯定感を爆上げしてくれることだと私は思っている。

自己肯定感って言葉、いまあちこちで耳にするけれど、それっていまの時代、男性も女性も、自己肯定感の低さに苦しんでいる人が多いってこと。

やせたいとか、恋愛に自信が持てないとか、友達ができないとか、そういうことは全部表面上のことで、結局のところ自分のことを好きになれないから苦しい。そんな悩みの根っこにあるのは、自己肯定感の低さだ。

その点、ダイエットは、自己肯定感を上げる一番簡単な手段だ。

ダイエットは、自分と向き合わないと成功しない。毎日体重や食べたものやどんな生活をしたかと向き合う作業だ。

毎日毎日、努力を積み重ねていくうちに、自分への信頼がひとつずつ貯金されていく。途中で停滞するときもあるかもしれない。私の努力は無駄なのかなとか感じることもあるかもしれない。そういう時期も乗り越えたときに、「あ、私、乗り越えることができた！」と思えて、それが自信になっていく。1キロ減ること、1センチサイズが減ることは、自分の功績になっていく。単に、やせたら褒められるから自己肯定感が上がるというような、単純な話じゃないよ。毎日の積み上げ。ダイエットにはこれがあるから、自己肯定感が上がる。

逆に言うと、やせれば必ず自己肯定感が上がるかというと、そんなことはない。たとえば全身脂肪吸引してやせたとする。それ自体は否定しないけれど、それだけでは自己肯定感は育たない。なぜなら、そこにお金はかかっていても、時間と労力がかかっていないからだ。

自己肯定感を上げるためには、自分に必ずかけなくてはいけないものが3つある。それは「お金」と「時間」と「労力」だ。

この3つのうち、どれが欠けてもいけない。

たとえば、数日の断食でやせたとしても、そこには「時間」がかかっていない。「時間」をかけないと、自分の心が育たない。心が育たなければ、いくら見た目が変わっても、自己肯定感は育たない。

私が言うダイエットにかける「お金」は、ジムに通うお金やバイクの購入、安価な菓子パンよりプロテインなどに必要なお金をかけることを指す。

ダイエットは「お金」「時間」「労力」をかけて行う〝心のトレーニング〟

たとえば、ごく短期間で一気にやせた人に話を聞くと「やせたら人からの目線が変わって、むしろ人間不信になりました」とか言う人がいる。それは、自分の心と付き合わずに、自分から逃げてやったダイエットだったということ。

心が育っていないと、いつもどこかに劣等感を抱えたまま過ごすことになる。自己肯定感が育っていないから、自分への称賛が受け入れられないのだ。

私が、運動をしながらやせることを推奨する理由のひとつも、ここにある。

もちろん、科学的に食事制限だけではなく、運動しながらやせたほうが健康的に美しくやせられることもあるのだが、**運動をしながらやせると自己肯定感のつき方が違う。**運動してやせると綺麗になるのは、からだが絞れるからだけじゃなくて、自分のメンタルが育つから。

たとえば、私はいまも週1回のパーソナルジム通いを欠かさないが、スクワットはきつい。死ぬほどキツい。はよ終われって毎度願ってる。何なら、ジムへ向かう道のりは毎回顔が死んでると思う。行かない言い訳が浮かぶ。

でも、行く。そして、筋トレの次の日に筋肉痛を感じたときに「昨日の私、よく頑張ったな」と思う。これが、正しい自己肯定感の育て方だと思う。

「私、やれるじゃん」という、その一歩一歩の積み重ねが、自分を上のステージに連れて行ってくれるような気がする。

私はそうやって、昨日の自分にひとつずつ勝ってきた。その実感があるから、「いや、まだまだデブじゃん」と言われたときには「私はいまのからだ気に入ってるんですけどね♪」と言っている。私は自分に満足してるけど、あなたはそう思うのね、価

値観が違いますね、って思える。
自分への本当の満足が、何より大事。

やせた「だけ」では
人生は変わらない。
でも、やせた「だけ」で変わることが
この世にはありすぎる。

「やせてもどうせブスだし」は、やせてから言え！

言い訳している限り、脂肪の思うツボだ！

言い訳したいヤツ出てこい〜〜!!
ぷにちゃんがぶちのめしたるわ!!
喝!!

脂肪の自己弁護に耳を貸すな！

デブ脳は、すぐにできない言い訳をする。行動より先に言い訳がくる。

「子育てしていて忙しいから」

「ジムに通うお金がないから」

「スピンバイクを買うお金がないから」

そういう言葉を聞くたびに、「いや、それでもやっている人いるよ？」って思う。

言い訳してたら脂肪の思うツボ。脂肪の自己弁護の叫びに耳を貸すな。

私が一番嫌いなのは「どうせブスだから」という言い訳。ときどき、「ぷにちゃんはもともと可愛いから、やせて綺麗になったかもしれないけれど、私はどうせやせてもブスだから」とからんでくる人がいて、それには怒りがわいてくる。

それって、ブスを免罪符にして努力しなくていい言い訳にしてるよな？

いやもちろん、私もSNS上で、こういう言葉に対する正解のアンサーは知って

るよ。「いや、私も自分の顔が嫌いだしブスだけど、でも、頑張って生きているんです」って言うんでしょ？　知ってる、みんなそんなふうに回答してるって。

でも、いやいやいやいやいやって話だよ。私はそんな甘いことは言ってやらない。

私は、「どうせ私はブスだから」なんてことを言うヤツに同情したり共感したりしないよ。

自分の顔を自分でブスと言う、その日本人にありがちな自虐、面白いと思って言ってるの？　いや、全然面白くないから。そう言えば、誰も言い返せないってわかってて、都合よく使ってるだけでしょ？

「ブスはブスなりに努力しているんです。どうして努力してない前提で話するんですか？」って言うかもしれない。

だけど、わかるんだよね。**もしも努力して、ちゃんとやり切っていたら、「どうせ私はブスだから」なんて言葉は出てこないはずだから。**

私の人生、私が主演女優

世の中には、いろいろな事情があっても、輝いている人はたくさんいる。

たとえば、障害のあるアスリートやモデルさんたちって「どうせ、私、〇〇だから」なんてたぶん言ってないよね？　最後まで努力をして振り切った人は、「どうせこうだから」という言葉が出てこないはず。

だから「〇〇だから」と言っている時点で、努力の道半ばだってわけ。これまでそう言って注目を集めたり、いろんな発信者を論破してきたかもしれないけれど、私には通用しないからな、って。

「私はやせてもブスのままなんです」と言えば、「そんなことないよ」とか言ってもらえるし、それが努力しなくてもいい免罪符になるかもしれない。**デブのままでいたほうがラクなんだよね、結局。**

でも、そんなダサイからみ方をしてくるんじゃない！　もっと自分の心を健康にし

ようよ！　普段はスルーしちゃうけど、思わずそう言っちゃった。

だいたい、ぷにちゃんが可愛いかどうかなんて、あなたの人生に1ミリも関係ないだろって話。

あなたの人生は、あなたが主人公なんだから。 あなたがあなたの顔、からだ、自分が自分を気に入っていたらそれでいい。気に入らないなら、気に入る自分になればいい。

私は、私の人生が気に入っている。私の顔とからだが気に入っている。

もちろん、世間では私のことを可愛くないって思っている人もたくさんいるかもしれないけど、それは私に関係ないの。

私は私に満足しているし、もっと可愛くなりたいと思っている。それだけでしょ。

人を引き合いに出して、自分をおとしめるのは、もうやめよう。

「どうせブスだから」って
人の気を引いてるヒマはない。
私たちは「まだ見ぬ最高の自分」
になるために
爆走しなきゃいけないんだから。

恋愛市場には性別が3つある。男か女かデブか。恋愛土俵に上がれ!

人間は見た目じゃないという綺麗ごとを抹殺せよ

いまから、身も蓋もない話をします。

80キロを経験した元デブの私が、痛いほど自分の身で痛感したこと。

世の中には3種の人間がいる。

男、女、デブだ。

そして、まずは土俵に上がらないと、恋愛はできない。

ってこと。デブのカテゴリーに入っている間は、男女の関係になれない。どんなにLINEを送って返事がこないと嘆いても、そもそもデブは同じリングの上にいない。観客席からどれだけアピールしても、一戦を交えるのはリング上の人間同士だ。リングに上がらなければ、目もくれられず、対戦相手だとすら認めてもらえないのだ。

私はこのことを、私自身が太っていたときにこれでもかというほどに、世間から教えてもらった。

「いや、人間は体型じゃない」なんて綺麗ごとは言わないでほしい。

さまざまなダイエットの専門家に会う機会があって、そのたびに私は何に特化しているのかを考えるけれど、それは「巨デブを普通の人に変身させるプロ」だということがわかってきた。世の中、もともと細い人が10キロやせてモデルになることばかりにフォーカスしがちだけど、私は「普通になりたい人」を手助けするのが得意だ。だって、私自身が巨デブだったから。

だいたい、ジムで働いているトレーナーのほとんどは、やせた過去があったとしても、5キロとか10キロ。それって、私に言わせれば、やせる前もデブではなくて、まだ女カテゴリーのうち。デブカテゴリーで生きてきた私と巨デブのみんなの気持ちはわからないんじゃなかろうか。

視界にすら入れてもらえなかったデブ時代

私は、48キロに到達してから、二重の幅を広くする二重手術と、目の下のたるみを取る手術をしたものの、もともと二重でどちらかというとはっきりした顔立ちで、顔

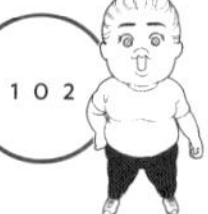

は昔とほぼ同じ。でも太っていたころは、女性からは「ころころしてて可愛い」、男性からは「強そう」「おもろくていいヤツ」どまり。好きな人をデートに誘ったりしたら、「え？　２人で会うの？」と真剣に聞き返されるくらいだった。

でも、これがやせたとたんに、オセロもびっくりの手のひら返しだ。ただやせただけなのに、やせた以外とくに何もしないのに、男性から声をかけられまくる。

昔からズバズバものを言う性格も変わっていないのに、**周囲の評価も「やたら調子乗ってるデブ」から、やせると「自分の芯を持った毒舌」にいつの間にか変わっていた。**

結婚しないんですか？　と質問されたときも。私は自分が心底納得した相手じゃないとイヤだから結婚したくない派なのだけど、その答えも、太っているときには負け犬の遠吠え、やせているとカッコイイ、になった。おまえ、結婚できないから言ってるんでしょ？　と言われていたのが、やせたとたんに「ふむふむ」だって。

面白かったのは、昔、ひそかに好意を持っていた年上の男性とやせてから再会したときのこと。一緒にご飯に行こうと彼のほうから誘ってきて、とにかくいろいろ褒めてくれるから私、言ったんだよね。「私、あなたと会うの、はじめてじゃないです。

何人か一緒だったけれど、もうかれこれ5回くらいご飯に行っています」って。

そしたら彼、記憶にないって言うわけ。つまり、彼の中で太っていた私は視界にも入っていなかったんだよね。これって好き嫌い以前の話。存在がなかったわけだから。

こんな話がごろごろしてる。だから、話は、やせてからだ。デブカテゴリーから女カテゴリーへと帰還してから。まずは、土俵に上がろう。

「男はぽっちゃりが好き」はウソ

あと、これもよく聞くけれど、「男はなんだかんだ言って、ぽっちゃりが好き」は「ウソ」。騙されてはいけない。

男の言う「ぽっちゃり」って、実際にどれくらいか聞いてみると驚く。

モデルみたいなガリガリは嫌だけれど、かといって太っているのは論外。断じてたるんだからだが好きなわけじゃない。50キロくらいまでやせた私くらいの体型が、ぽっちゃりなんだって言う人もいる。あぜんとするよね。

あと、たしかに巨乳は好き。でも、胸より腹が出ている人が好きとは言ってない。

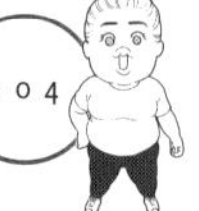

男の言う「ぽっちゃり」は、あなたが想像するぽっちゃりではない。

ただ、デブ専もたしかにいて、太っている女性が好きな人がいるのは確か。

私はこの、男性の好きなタイプのことを「ぬるいコーヒー理論」って呼んでいるんだけど、ホットか、アイスか、自分はどっちなの？　ということ。

ホットでもなくアイスコーヒーでもない、ぬるいコーヒー出す店には誰も行かないでしょ。**ぬるいコーヒーには需要がない。**それと同じ。デブ専が好むデブでもなければ、思わず見とれるスタイルでもない。その半端なところって、一番需要がないからね。

デブ脳診断

その1 デブ脳は、「どのくらいの期間でやせた?」と聞く
ダイエットを「祭り」にして、短期間でやせることが目的になっている。

その2 デブ脳は、自分へのご褒美が常に糖質
新作コスメではなくケーキを選ぶ時点で、自分に負けている。

その3 デブ脳は、すぐに新しいダイエットに何でも飛びつく
2キロやせたと喜び、すぐ戻る。ダイエット産業の有象無象のいい餌食。

その4 デブ脳は、すべての物事について「自分で調べず」「人に聞く」
なんでも調べられる時代、指1本すら動かさないんだからデブ。

その5 デブ脳は、エステや脂肪吸引だけでやせようと思っている
エステや脂肪吸引が「ラク」は大間違い。脂肪は減っても人生は変わらない。

その6 デブ脳は、運動ではなく食事のみでやせようとする
食事だけでやせるという耳当たりのいい言葉だけをうのみにする。

その7 デブ脳は、「ストレスのほうがからだによくない」が口グセ
自分を甘やかすこととリラックスとが別物だとわからない。

その8 デブ脳は、飲み物でカロリーをとる
水のようにすかさずカロリーを摂取し、最短距離で太ることができる。

その9 デブ脳は、やっぱり揚げ物、粉物、甘い物が好き
親の仇かというくらい、デブになる食べ物を欲し、実際食べている。

その10 デブ脳は、複数のダイエット法の「アメ」部分だけを併用する
自分の都合のいいようにダイエットを「甘いとこどり」して結果が出ない。

その11 デブ脳は、食べ物は「ゼロ百」、人間関係は白黒つけられない
断食、置き換え、○○だけ。極端な方法をとる割に人間関係はだらだら人の顔色をうかがう。

その12 デブ脳は、口を開けば言い訳が湧いてくる
行動より先に、すぐ言い訳がくる。言い訳は脂肪のわめき声。耳を貸すな。

第2章

べっとりついた脳内脂肪は恋愛の目をくもらせる

やせたら全人類が恋愛対象！いずれ出るSSRまでとにかくガチャを回せ！

出ないなら出るまで回せ
出会いガチャ!!
ガチャ
ガチャ
いい男
ガチャ

べったり脳内脂肪が恋愛の足かせになっていた?

自分を磨くダイエットって、とっても素晴らしい。からだと一緒に、心もきちんと育つダイエット。それは自分のことをもっと好きになるダイエットだ。

自分がまだ見たことのない最高の自分になって、そんな自分を大切にしてくれる理想のパートナーに出会って、あるいは、いまのパートナーに、もっと愛し愛される日々を送る。そこをめざそう。

私が運営しているオンラインサロンでは、クローズドな空間であるのをいいことに、日々、かなり赤裸々なぶっちゃけトークで盛り上がっている。

私の歴代彼氏の話、彼氏とのあれやこれやの話はもちろん、サロン生(サロンメンバー)の恋愛相談や、「彼氏ができました!」という報告、「これってモラ男でしょうか」という相談や「仕事がどうしても辛くて、やめようか迷っている」といった話まで、ダイエットじゃない話が盛りだくさん。

でもこれって、ある意味当然だよね。ダイエット自体が最終目的じゃないもんね。ダイエットして綺麗になることで、あれを実現したい、これもしたい。サロン生との話題は、おのずと恋とか仕事とか人間関係の話になっていく。

ダイエットする目的は、いや、日々頑張って生きていく目的は、自分の人生を最高のものにすること。そのためには、最高の環境が必要だよね。パートナーだったり、仕事や周囲との関係とか。

この章では、ぷに流の「恋愛術」を話そうと思います。サロン内でも、一番盛り上がる内容だしね。

というのも、**べったりと脳内脂肪がついた状態って、恋愛もまずうまくいかない。**

太っているせいで自己肯定感が低くなっていると、あらゆる間違いをしがち。ダイエットでからだをつくりながら、いい恋愛ができるメンタルを一緒に育てていこう。

好きなタイプは？ と聞かれて2秒で答えられる？

まず、いい男に出会いたいというとき、間違いやすいのが、「真っ先に外に目を向ける」こと。

自分の好みもわからないのに、出会いがないと勘違いして闇雲に出会いを求めたり、相談所に登録したりしてはいけない。最初にすべきなのは、「私が好きなタイプはどんな人なのか」をきちんとわかっておくことだ。

「好きなタイプがわからない」というのは、自分のことがわかっていない証拠。自分のことがわからないのに、自分がどんな人が好きかなんてわかるはずない。スマホにメモするでも、紙に書くでもいい。一度落ち着いて「どんな男が好きなのか」を書き出しておくといいと思う。

「真面目か！」ってツッコミたくなる？ でもね、その理由はカンタン。

やせたら異次元の世界が待っているから。

太っていたころの私は、自己肯定感が土の中を掘り起こさないと出てこないくらい低かったから、「いいな」と思う人がいても「私なんかには無理」ってまず思った。そして、「べつにイケメンが好きなわけじゃない」「モテる人は浮気が心配だし」とか

言い訳が顔を出す。でも、それってじつは、自分にウソをついているだけだったりする。

「好きな人が見つからない」という人も、じつは好きな人がいないわけじゃなくて、気になる人はいるけれど、自分には届かないと思っているってこともあるんじゃないかな。気づかないふり、見ないふり。誰だって傷つきたくないから。

でも、自分が見たこともない最高の自分になれたなら、それって一変するよ？

あなたの身にもそれが起きるよ？　ステージチェンジが。

これまでは「自分を選んでくれる人」の中から選んでいたのが、やせたら全人類が恋愛対象。

どこかで妥協したり、自分の気持ちにウソをついたりが一切不要。「選んでもらう」立場から、「自分が選ぶ」立場に変わる。

そう。もはや選び放題、どこを見渡してもよりどりみどり。

だからこそ、「好きな人はどんな人？」の質問に、秒で答えられないとダメ。変な石ころにつまずいている場合じゃないからね。

たとえば私の場合は、「年上」「金持ちでわがままをゆるしてくれる」「癒し系」「一

Think clearly 最新の学術研究から導いた、よりよい人生を送るための思考法

ロルフ・ドベリ 著／安原実津 訳

世界 29 か国で話題の大ベストセラー！

世界のトップたちが選んだ最終結論―。

自分を守り、生き抜くためのメンタル技術！

定価＝1980 円（10%税込） 978-4-7631-3724-1

すみません、金利ってなんですか？

小林義崇 著

実生活で必ず見聞きする「お金の話」が 2 時間でざっとわかる！

世界一・基本的なお金の本！

定価＝1430 円（10%税込） 978-4-7631-3703-6

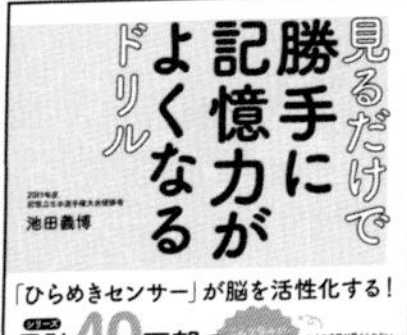

見るだけで勝手に記憶力がよくなるドリル

池田義博 著

テレビで超話題！1 日 2 問で脳が活性化！

「名前が覚えられない」「最近忘れっぽい」

「買い忘れが増えた」

こんな悩みをまるごと解消！

定価＝1430 円（10%税込） 978-4-7631-3762-3

重まぶた」という4原則がある。顔の好みもだいたい一貫していて、歴代彼氏が似ていると友人たちは笑う。

癒されたいのは、私は発信することを仕事にしていて刺激が多い分、プライベートはまったり落ち着きたいから。仕事は嵐、プライベートは凪(なぎ)。デートは家でゲームをしたり、漫喫でマンガを一緒に一気読みしたりも好きだ。

これは、私に限らず、そういう人って多いような気がする。仕事が刺激的な人は恋愛に落ち着きを求めて、仕事が比較的ルーティンで座り仕事が多い人は、クラブ通いが好きだったり、常に飲み歩いて交友関係が派手めだったり、毎週キャンプしたりするアウトドア派の彼に刺激を求めがちだったりする。

どんなタイプでも人それぞれだから、自分は何が好きか、自分の理想をすぐに言えるようになったらいいと思う。

とにかく外へ出る、人に会う

自分の好みのタイプを明確にしたら、とにかく出会いの場所に行きなさい。

知り合いに紹介してもらう。イベントに参加する。いまではアプリを使って彼氏を見つける人もとっても多い。

昔のような怪しさはなくなって敷居はかなり低くなっていて、効率を考えると、毛嫌いするよりは、始めてみるのもいいと思う。

とはいえ、そこは肩書やスペックが表に出ている分、違和感を抱いているのに、ハイスペな所に目がくらんでしまう人は多い。危険なヤツや詐欺師だっているから、警戒心は持っていなきゃいけない。

そもそも、出会いは「自分で選ぶもの」。**見た目と心の持ちようを変えれば、選んでもらう立場が、自分で選ぶ立場に変わる。**私がみんなと一緒にめざしているのは、そこ。

だから、**いい人に出会いたいというなら、相手のスペックではなくて、自分のスペックを上げるほうが先だ。**自分が肥溜め（こえだめ）にいるのに「右見ても左見ても、クソしかいません～」なんて言ったって、そりゃ、そこにはおらんよ。肥溜めはクソを溜めておく場所だから。

自分がきちんと自分の身を立てて、ダイエットを通して心もからだも最高の自分に

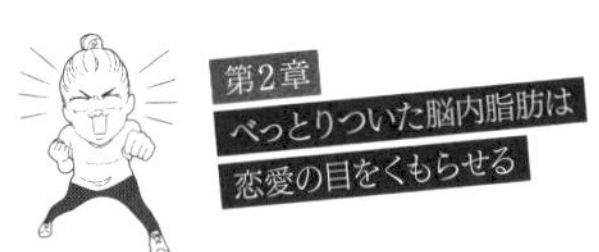

なる。自分が自分のステージを上げることをまず考えよう。

どぶの中で砂金探したところで、それは見つからないからね。

私はよく、ガチャガチャをイメージしてもらうのだけど、あなたが回すのは、SSR（スーパースーパースーパーレア）を出すため。イケメンハイスペック男子ガチャ。

ガチャって、確率論で、一発目に欲しいものが出るかどうかは、単なる運。でも、

どんなに運がよくても悪くても、ガチャを回し続けていたら、いつかはSSRが出てくる。

自分のステージを上げたうえで、SSRが出てくるまで、回し続けろ。

私はこれを「出会いのガチャ理論」と呼んでいて、「で、今日はガチャ回した？」はサロンの中でも合言葉になってる。

出ないなら出るまで回そう「出会いガチャ」

自分にとっての、SSRは、必ずいる。「全然いい人に出会えない」という人は、まだガチャを回す回数が少ないだけ。必ずいるSSRに、まだ出会えていないだけ。

だって、100パーセント当たりくじはあるんだから。凶が出たくらいであきらめてはいけない。大吉が出るまでくじを引き続ければいいだけ。

これって、恋愛の話だけじゃなくて、全部が全部そうだと思う。

かの有名なパナソニック創業者の松下幸之助さんだって、「どうやったら成功しますか？」と聞かれたときに「失敗を失敗だと思ってあきらめるから、失敗になるんです。成功するまでやれば、失敗は成功の糧（かて）になる」って言ったらしい。すごい人が言うんだから、きっと間違いないよね。物事の本質は一緒だ。

いい男に出会うまでガチャし続ける。回しても回しても出会えないなら、日本から海外に出たっていい。とにかく、「私にとってのSSR」が出てくるまで、ガチャを回し続けろ。

ちなみに、効率よく出会いを求めるのであれば、結婚相談所に行くよりも、「男性の趣味」を知って、それをやってみるほうがいいと思う。

たとえば、ゲームが上手な子って、結構モテている。サバイバルゲームとか、釣りでもいい。私が最近チャレンジしているゴルフもそのひとつだと思う。

男は、女性が思う500倍くらい単純でピュア。媚（こ）びた上目遣いしてくる子より、

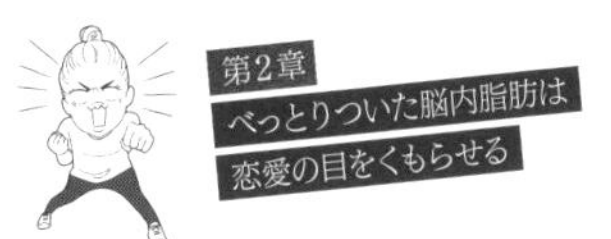

一緒にゲームで盛り上がれる子と長く一緒にいたいと思う生き物だと思う。

それに、こういう場所は、圧倒的に男性の割合が高いから、効率よく出会える。私なら、料理教室よりサバゲーイベントに参加する。そういう場所での女は重宝されるから、ガチャ効率もよくなる。

毎日必ずガチャを回せ！良質な出会いはあなたのスペックと心の持ちようで決まる。

終わった恋愛に打つ手なし。元カレは死んだと思え。弔いながら合コンに行け！

元カレ、
いい奴だったのに…
いい男
発見!!!
元気いいですねー

死人は蘇らない、ほふく前進でいいからとにかく進め

いつなんどきたりとも、ガチャを回し続ける精神を忘れてはいけない。それはたとえ、失恋した直後であっても。

よく「失恋したあとは、辛くて前に進めません」とか「何も手につきません」なんてことを聞くけれど、別れた人にどんなアクション起こしたって復縁なんて無理。いっとき復縁した人はいるかもしれないけれど、結局うまくいかないのがオチでしょ。だったら、別れてもう他人になった男に時間を使うより、切り替えて次のガチャを回したほうがいい。

それがしんどいって言うかもしれないけれど、**だったら、元カレは死んだと思いなさい。**死んだと思ったら、もうしかたないでしょ。

『鋼の錬金術師』、見たことある？　死んだ人を蘇らそうとして、化け物が生まれて

いたでしょ。元カレと復縁をのぞむのって、そういうことだから。死んだ人に対して、打つ手はない。終わった恋愛にも、打つ手はないのよ。

もちろん悲しいのはしかたない。悲しいんだったら、いっぱい泣けばいい。それこそ人が死んだときくらい泣けばいい。でも、頭の中で「とはいえ死んだ人は生き返らない」って思っておく。

弔いながら、いいヤツだったなーと思いながら、次の合コンに行けばいいんです。泣きながら、はいつくばってでも、合コンに行きなさい。その合コンでいい男に出会ったら、どんなに辛いと言ってたって、すぐに忘れるから。

不倫は「使い古しベッド」。いまは粗大ごみ処分にも金がかかる時代と忘れるな

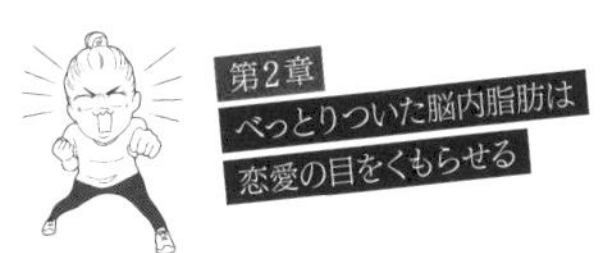

不倫も時間の無駄。いや、不倫したい人はすればいいけれど、すすめない。まず、誰かが悲しむ上に成り立つ幸せはないと思っているから、結局自分が幸せになれないと思う。そもそも不倫って、人のものを盗っているんだから窃盗したほうが悪いのは、当たり前。

よっぽど生きるのに困っているなら、今日のパンを食べるために窃盗もあるのかな？　でも、私は人のものを盗るほど困っていない。なんでわざわざ人のものを私がシェアしなきゃいけないの。

それよりなにより、自分の価値をそこまで下げなくていいんだよ。いい男なんてごまんといて、**目をつぶって石を投げてもいい男に当たるのに、なんでわざわざ妻子持ちの男と不倫するの？**

ときどき妻子持ちの男のほうがカッコいいと言う人もいる。でも、そりゃそうだよ。だって、自分の面倒を嫁が見てくれている状態で女遊びしてるんだよ。2人がかりで遊ぶ時間をつくってるようなもの。バックに嫁がついているんだから、余裕もあるし魅力的に見えるに決まってる。でも、結局奥さんがいるのに口説いてくる時点で、マジで卑怯。正々堂々と戦えって。

こっちが食い散らかしに行ってるんだったらいいの？　といえばそういうわけでもない。誰かが悲しんで、自分が加害者になるってことだよ？　自分がされて嫌なことは人にしない。既婚者に口説かれてぽーっとしているのは、自分を大事にできていない状態。目を覚ましたら？

だいたい、使い古しのベッドとか、そんなきったねーもの、使いたくなくない？不倫相手ってそういうものだよ。

10年も使い古されたベッドなんて、汚い皮脂とかゴミにまみれてるよね。粗大ごみに出すにもお金かかるやつだよ。なんでそんなの譲り受けなきゃなんないの。それより新品のベッドにゴロンと寝転んだほうが気持ちいいでしょ。

これは、元カレにしがみついているときも、不倫にハマっているときも同じだけれど、「私はこれが幸せなんだ」と言い聞かせている人って、だいたい危ない。

たとえば「私は結婚したいわけじゃない、これでいいの」とか。

普通、本当に幸せで自然体の人って、そんなことわざわざ言わないから。それを

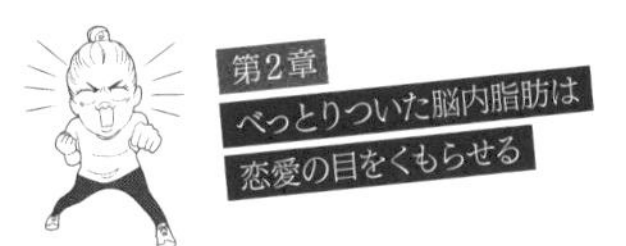

言ってる時点で、自分に言い聞かせてるんだって気づいたほうがいい。

自分を大切にできないと、結局、人からも大切にしてもらえない。だから、汚いベッドなんか捨てて、弔いながら、ガチャ回せ！

失恋は風邪と同じ。ほっときゃ治る。自分のステージさえ上げれば、世の中はいい男だらけ。

女はいつだって試着期間だ。ゴミ男をふるい落とし本当にいい男に出会うまで何百回でも試着しろ

試着は何点でも
何百点でも可能です。
お気の済むまで
ご試着ください
いかがですか〜？

とにかく付き合ってみる「109試着理論」

それまでイオンでしか買い物したことがなかった私が、生まれてはじめて109に買い物に行ったのは13歳のとき。1階入り口から入った瞬間、そこに広がるパラダイス。私は興奮して、「あれも欲しい、これも買いたい」とおかんに言ったら、「ちょっと待て」と制された。

「まぁ、まずは落ち着け。ちょっと待て」

とりあえず、全部回れ。地下2階から8階、すべて見ろ。おかんはそう言った。気になったものは、全部試着する。途中で買わない。全部見て、試着してから、最後に買うか買わないか決めろ、と。試着して買わなくてもまったく問題ない。嫌な顔をされるかもしれないけれど、試し尽くさない限り、あとで「なんか違う」と、タンスの肥やしになったりする。試着は消費者にゆるされた権利だ。**とにかく、数を試すことが大事だ。**

はじめての109で、おかんは私にこう諭した。そしてそれ以降も、ことあるごとに、数を試せと、口をすっぱくして言った。

思えばこれは本当に真理を突いていて、とにかく試着するうちに、だんだん目が肥えてくる。思っていたよりもぴったりだった、サイズが合わなかった、など、経験を重ねるうちに、自分に合うものが瞬時にわかるようになってきた。

私はこのおかげで、ネットでプチプライスの輸入服を買うときにも、ほとんど失敗しなくなった。おかげで洋服代もコストをかけずにすんでいる。

で、これは、彼氏も同じだと私は思ってる。試着するように、とりあえず、付き合ってみたほうがいい。

男って、間違いなく、付き合うまでは自分のいい面ばかり見せてくる生き物だ。だから、付き合ってみなきゃわからないところが、山ほどある。

本腰入れて真剣なお付き合いを始める前に、まず、試着。それでダメだったら速攻、返品。丁重に（じゃなくてもいいけど）、返品。

1回着ちゃったから買わなきゃとか、責任取らなきゃとか、考えなくてよい。別に不倫しているわけじゃないし犯罪をおかしているわけでもない。自分に合っていなかったら、返品してよいのだ。

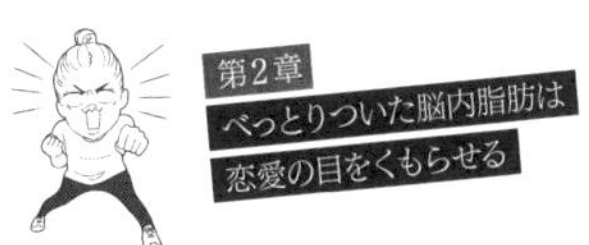

買い物でも男でも、人は、回数を重ねてどんどん目が肥えていく。はじめて109に行った日の私と同じ。経験を積まないと、最初はどんな男もいい男に見えてしまうから危険だ。数こなさなきゃ、わからない。

付き合うまではかぐや姫

前後するけれど、女たるもの、付き合うまではかぐや姫になったほうがいい。

私は、付き合う前は、急に呼び出したり、電話したりして、いろんな〝基礎テスト〟をする。これしてほしい、あれしてほしいとわがままも言う。彼の好みに寄せたりもしないいし、背伸びもしない。ちょっとしたむちゃぶりをして男を振り回す。そこで、モラハラ的な男をふるいにかけてるっていうのもある。

でも、付き合い始めたら、一切の駆け引きはしない。相手の好みがあれば受け入れてみるし、相手にとって世界で一番いい女でいられるように努力する。もちろん浮気もしない。

付き合う前が一番厳しくて、付き合ってからは、めちゃくちゃ優しい。

この人と付き合いたいと思ったら、もちろん自分から告白するよ。

よく「自分から言うなんて……」とか言う人がいるけれど、そんなところにプライド持っててどうするの？　そういう人に限って、相手からめちゃくちゃ追いかけられて告られたのに、気づいたらいつの間にか自分のほうがハマりあげているってことない？

そう。**恋愛なんて、最初にどっちが好きになったかなんて関係ない。最終的に沼にはめたほうが勝ち。**スタートは自分からで全然いい。

だいたい、エサもたらしてないのに魚が釣れるはずがない。向こうから好きになってほしいなんて幻想は捨てて、どんどん自分からいこう。

そして、これが大事なポイントなんだけれど、どんなに好きになっても自分の人生を誰かに渡してしまってはいけない。

異性の存在って、カレーの福神漬けと思うといい。あってもいいけれど、なくても

いい。私は恋愛大好きの福神漬け大好き派だけど、福神漬けはいりません、っていう恋愛に重きを置かない人もいて人それぞれ。私も、好きだけどなくても死にはしないし、逆に、どんぶりいっぱい全部福神漬け、は無理だよ？

人生にとって、恋愛は彩り。だから、自分のすべてじゃない。自分がかなえたい夢があるなら、それを捨ててまで恋愛に走るのは、私は違うと思っている。

でも、そういう「誰にも縛られない。自分は自分の人生を生きる」って人ほど異性の目に魅力的に映るのも確か。やっぱり〝自分〟を持ってなくちゃ。

ゴミ男を見つけるためにも試着は必須

いまこんなことを思う人がいるのかどうかわからないけど、「結婚までに付き合う人は3人以内で」とか、「アバズレと言われたくない」とか、謎の美学は捨てたほうがいいパートナーに出会えると思う。

「いまの彼は過去最高！」って、3人の中での最高より、300人の中での最高を選んだほうがよくない？　こんなところで省エネきかせてもしかたない。いっぱい試着

しまくったほうが、結果いい男を見抜ける最短距離になる。

それに、いっぱい試着しているからこそ、「ゴミ」にも気づける。

「ゴミ」って、モラハラしてくる男とか、付き合う価値ないゴミ野郎のこと。

これは私の主観だけど、「付き合う男は3人まで」とか「出会って3回はやらせちゃいけない」みたいなことを言う女性に限って、後生大事に「ゴミ」を抱えている気がする。モラハラ男って気づいてないのか、気づいてないふりしてるのか。「ゴミ」がいつか宝になると思っているかもしれない。ワンチャン、この男高値つくかもしれないからって。

でも、もっと広く男を見渡してみようよ！　寝かしておいても、ゴミはゴミ。ゴミの居場所はゴミ箱だよね？

今日もガチャを回そう。
たくさんの男を見て、
必ず存在する本当の
理想の「SSR」を探そう。

女が本当に握るべきは胃袋より「玉袋」である

料理でも掃除でもない、女が尽くすのはベッドの上だけ

ダイエットをしてこれまでの自分史上最高の自分になって、女としてリングに帰ってきたら、射止めた理想の男が離れられない女になろう。

男にとって大事なのって、ご飯を作れることとか、甲斐甲斐しく世話をしてくれることなんかじゃないよ？

「料理や洗濯のような、家事スキルは低くても問題ない。ベッドの上のスキルが高けりゃ、男は絶対に戻ってくる」

これは、私のおかんのセリフだけれど、私も完全に同意だ。

おかんはよく「ご飯を作ってあげるとか、洗濯をしてあげるとか、そんなのはただの徒労。やりたいならやってもいいけど、たいていは時間の無駄。女が尽くすのはベッドの上だけにしろ」と言っていた。そして、結婚したら財布の紐をにぎれ、とも。

昔流に言うなら、つかむのは胃袋じゃない、玉袋と給料袋というわけだ。中学か高

校のときから言われていたと思うと、この母にしてぷにちゃんあり。我ながらおもろい母親だと思う。

でもこれってネタでもなんでもなくて、結局人にとって、切っても切り離せないのって、性の部分だと思う。

性の部分でしっかりと男をつかまえていたなら、浮気されない。

だいたい、男性にとっての行為は、定食屋選びみたいなもの。ちょっとお腹すいたときに、近くに目に入った定食屋があったら入っちゃう、みたいな感じ。

でも、お腹がすいていても、ちょっと待てばとびきりおいしい料理が食べられるってわかっていたら？　わざわざまずい飯屋には行かないよね。少しだけ我慢して、お腹すかせておいしいご飯を待つ。

だから、玉袋を握っていれば、男は必ず戻ってくるってわけだけど、そこで金銭面も握っていれば、夫の小さな火遊びが、家庭生活をゆるがす大火災になることを防ぐことができる。おかしな金の流れや使途不明金をつかむことができるから。

そもそも、結婚って互いを支え合い、助け合うこと。私なら、結婚相手に何かあったら全力で支えるし何なら金銭面もカバーできる自分でいたい。

だから、そのためにもお金の使い方、お金の価値観を共有できるというのは結婚の絶対条件。

エロい女が優勝

ダイエットの動機って、誰かに自分のからだを自信を持って見せたいというのもあるんじゃないかな？

サロンの赤裸々トークでは、そんな「エロ」にまつわる話もみんな大好き。私が何でも本音で話すからか、質問やコメントが殺到して大盛り上がりだ。

私の目標は、ほかでもない「エロいからだになること」だ。私は、最高に素敵な人と、最高に磨いた自分のからだで、夜の「運動会」を楽しみ尽くすために、ダイエットに励んでいるとも言える。最高の人生には「運動会」も大切なひとつの要素だから。

前にも言ったけれど、私がめざしているのは、全身に適度に肉がつき、胸は落とさず、お尻が持ち上がったからだ。限りなく細く、柳のような体型にはなれないし、めざしているところでもない。腹筋も割りたくないし、見るからにムキムキではないか

らだが私の理想。私のダイエットは、エロいからだに一歩ずつ近づくためのダイエットだ。

いまでこそ「運動会大好き！」を公言しているけれど、太っていた暗黒時代は、彼氏はいても、とにかくこの運動会が苦痛だった。だって、太っているからだを見られたくなくて、行為にまったく集中できない。

その体勢あかん！　腹の肉が段になってしまう！　いや、なるべく服は着たまま、三段腹を隠すように枕も抱えて！　いやいや、なんで電気つけるん!?　ありえんでしょ、いますぐ消灯！　——醜い姿を見られるのが怖くて、恥ずかしくて、明かりひとつない漆黒の闇の中、運動会が開催されていたっけ。

でも、やせて自分のからだが好きになってからは、心を開くことの心地よさを知った。いい運動会って、自分も相手もお互いの心を開いて行うものだよね。

テクでは身につかない本物の色気

エロい女になりたい。

でもね、よく、女性のモテテクで、ボディタッチをするとか、からだを交差させるとか、いろいろあるけれど、あれは本質じゃない気がしている。ましてや太っているときにやっても、「どうした？」と言われて終わりだ。少なくとも私はそうだった。

「色気がある」「エロいね」は、最高の褒め言葉だと私は思っているけれど、それは巷（ちまた）にあふれる「テクニック」では生まれてこないんじゃないか？

なぜなら、エロい女は、水を飲んでいるだけでもエロいのだ。

そして、そのエロさはどこから醸し出されるか。私は長らくその理由を探したところ、ちゃんと運動会をしているかどうかにあるとわかった。

研究しすぎた結果、下世話な話だが、友人が前夜運動会したかどうかが私にはわかるようになった。具体的に言えば肌つやがいいとか、血行がよく肌のトーンが一段白くなっている、というものだが、それだけでなく、内側から言葉にならないエロが漏れているのがオーラのように見える（気がする）。

いい運動会で、女性って間違いなく美しくなる。活力もあふれて、メンタルも安定して、ますます楽しい毎日になる。

ダイエットでからだが引き締まると、運動会も一変するよ？

自分のからだへの関心はもっともっと高まって、ダイエットもさらにスムーズにいくようになると思う。いいスパイラルが始まる。

パートナーとの「運動会」をどう楽しむ？

もし、パートナーがいるのに、楽しい運動会ができていないなら、運動会を楽しむ小さな工夫をしてみるといいと思う。

工夫というと、即、真っ赤な下着をそろえたり紐パン買ったり、あるいはいきなりシチュエーションを演出しようとする人がいるけど、ちょっと待った。

男は驚くほどに鈍感。「あ、そういうことね」と察する男はめちゃくちゃレアだと思っておいたほうがいい。長く一緒にいる夫婦はなおさらだ。だから、まずやるべきは「そのことについて話す」こと。「もっと運動会を盛り上げたい」そう伝えるところから。

改まって話す必要はないけれど、テレビを見ながらとか、スマホいじりながらではなく、寝室でとか、２人だけの会話の中で、話題にする。

話してみてどうにもこうにも溝が埋まらないなら、それは結構夫婦として厳しいのではないかと私は思ってる。運動会に対する熱量の大きな隔たりって、夫婦の中の諸悪の根源になりうるから。根深い溝の大本って、そこにあったりする。

奥さんは運動会したいけれど、夫はしようとしない。そんな妻のうっぷんは、普段のつんけんした態度やふとした冷たさにあらわれてしまう。それによって、家庭の雰囲気が悪くなって、実際に夫が浮気をするという流れだって起こってしまう。

運動会のとらえ方は、夫婦足並みそろっていたほうがいいというのが私の考え。そして、「それ」を話題にできたなら、9割解決に向かうと思う。

「おからだフレンズ」だって、考え方次第？

「私にゃパートナーいないんだよ！　どーすりゃいいんだよ！」って人は、彼氏がいないなら、〝おからだフレンズ〟をつくるのもアリなんじゃないかな。

「からだだけもてあそばれた」なんて思う必要はないよ？　「遊ばれた？　いやいや、何をおっしゃる。私が楽しんでやったんだよ?」ってね。からだの機能をフル活用し

て、女としての楽しみを存分に味わう機会、自分からゲットしに行ったっていいよね。

ちなみに、いま誰かのおからだフレンズに「なり下がっている」という自覚がある人には、ちょっと耳が痛いかもしれないけれど、**おからだフレンズって、私は「ケータイ電話」だと思ってる。**

ケータイは便利。でも、どんなにないと不便といったって、ケータイと恋愛しないよね？　キャリアが変わったって全然平気。使えりゃいいし、なくしたら新しいのと交換。

だから、自分からケータイ電話を持つのは、自由。でも、誰かのケータイ電話には私はならない。

自分への自信をひとつずつ積み上げて、誰かが主役じゃなくて、自分のために生きていきたいよね。

そのためにも、**エロは女の底力だよ。**エロい女が優勝。もっと真剣にエロくなろう。

エロは女の底力。
からだと心を変えて、
最高にエロい女になってやろう。

ぷにの鉄則

「モラ男リトマス紙」でモラハラ男を見極めろ

今日何時上がり？
迎え行くわ。
友達のLINEは
消去な
レッドカード
距離詰めて
くんの
はや！
付き合おう、
愛してるよ
もう同棲しよう、
いやいっそ、結婚しようよ

モラ男に洗脳されて20キロ太った暗黒時代

「109試着理論」で、さんざん経験を積んできた私。膨大な数の試着をしたおかげで、いまはまずゴミ男に引っかからないけど、自己肯定感が低かった当時、なかには、ヤバい男もいた。ちょっとだけ、苦い話だけど付き合ってください。

20代頭に付き合った男は、典型的なモラハラだった。そして、あろうことか、私はその男にハマりあげていた。

留学先で出会ったひとまわり以上年上の社会人だったのだけど、家もお金も持っていて、何でも買ってくれる人。すごくオシャレで、私がセンスのない服を着ていったらお店に連れていってくれて全身買ってくれるような人。移動はいつもファーストクラスで、学生だった私はコロッといってしまった。

当時は完全にマインドコントロールされていたと思う。**これはモラハラの特徴で、こういう男はすぐ「一緒に住もう」とか、結婚をちらつかせてくる。**そして、周囲から孤立させる。

毎日大学まで迎えにきて、私がほかの友人と遊ぶのをゆるしてくれない。友人だけではなくて、家族との連絡も嫌がるから、どんどん連絡しなくなって気づけば周りに誰もいなくなって2人だけの世界。

普段は優しいし、外では腰が低くて信頼されているのだけど、急にキレるところが典型的なモラ男だった。キレ始めると大声で怒鳴る。最初のうちは反論するんだけれど、相手はものすごい勢いで、それこそ10時間でも20時間でもキレ続けている。「ほかのみんなはできるのに、なぜおまえはできない」「俺がいないと何にもできない」と、人格否定が雨あられのように降ってくる。

そのうち心が疲労しすぎて「私さえ我慢すればいいんだ」と思うようになる。やり過ごせばまた彼の機嫌がよくなるから、この波さえ越えれば……。そんなふうに思うようになっていく。

料理をしていても、レシピどおり完璧に作れないと彼がキレる。たとえばある日、パスタを作っているとき「これ、ソースにゆで汁入れた?」と聞かれた。入れてないと言ったら「はーっ」とため息つかれ、全部流しに捨てられる。で、こんなの食えるかよって外に出ていってしまった。

かと思えば、夜中の3時に叩（たた）き起こされて、笑顔でラーメン作ったから食べようと言われたり。お腹なんて全然すいていないけれど、食べないとキレられる。なんとかお腹に押し込んで。

彼は、太っている女の子が好きだった。だから、どんどん食べさせられて、どんどん太っていって。私はあっという間に20キロも太った。どんどん太っていくからだと、毎日追いつめられる心。どんどん自己肯定感は低くなり、彼の言われるままになるという負のスパイラルだった。

それが3年も続いた。私はどんなことにも向上心みたいなものがあるのか、彼に怒られたときはこっそり寝る前に、ケータイにメモをしたりしていた。何に怒られたか。どうすべきだったのか。一緒に寝ている途中、トイレに立ってそれを読んで復習する日々。二度と同じ失敗はするものかと思って生活していた。

この時期にいろんな所作やマナーも覚えたし、料理本もすみずみまで読んで、一通りの料理は作れるようになった。ただ、このときのことがトラウマなのか、いま、料理はしたくないけれど。

「これは無理」やっと気づけた「ワタリガニ事件」

そんな感じでほぼ洗脳されていた3年間は、ある日をきっかけに変わった。「これはもう、ここから逃げるしかない」って思った日。私はそれを「ワタリガニ事件」と呼んでいる（笑）。

その日は何かのお祝いで、彼と一緒に高級なイタリアンに行った。そこで、私がワタリガニのパスタを頼んだあと、彼が急に不機嫌になった。私は意味がわからなくて、どうしてと聞いたら「いや、俺がアサリを嫌いなの、知ってるよね」と言う。それはもちろん知っていた。でも、私が頼んだのはワタリガニだ。

すると、「アサリのジャリジャリした感じが嫌いなんだから、ワタリガニのジャリジャリ感も嫌いに決まってるだろ！」と言うではないか。

私はそこではじめて「ハッ」となった。

これまでは、私に非があって怒られてきたし、私が悪いんだと思っていたけれど、

いや、これはさすがに無理だろう。しかも、ワタリガニのパスタをシェアするわけじゃない。私が食べるだけの食べ物に、そこまでキレるって、これはもう無理ゲー。これはキリがない。そう思った。

そこから私は、ほぼ夜逃げのような形で日本に帰った。

地に落ちた自己肯定感が戻ってこない、「私なんて期」

卒業試験だけ受けて無事大学は卒業したが、当時の私は自己肯定感が地に落ちていて、自分は無価値だとずっと思い込んでいたから、就活どころではない。それでも生きていかなくてはいけないから、私は派遣に登録して、ベンチャー企業などで通訳や翻訳の仕事をして生計を立てた。

そこから友達に「一生太ったままでいるの?」と言われて、ダイエットをするようになったことはもう話したけれど、1年で自力で16キロくらい落としたくらいまでは、まだ全然自己肯定感は低かった。

当時は彼氏と言える存在はなかなかできないなか、ワンナイトする相手はときどきいたけれど、それも「私なんかが」の塊だった。「いやあ、こんな私なんか、抱いていただいちゃっていいんですかね」「飲み物買っていきましょうか」……そうじゃないと申し訳ない！　私のマイナスを何かしらで埋め合わせしないと！　と本気で思っていた。いま思い出しても笑えるというか、泣けるというか。

相手の家に入れてくれたり、食事に誘ってもらえたりなんかしちゃった日には、「こんな私のために！　マジですか！　映画？　一緒に観ていただけるんですか！」という具合。

モラハラにおとしめられた自尊心が戻ってくるのには、かなり長い時間がかかった。勉強代って言うには、ちょっと痛手負いすぎだよね。自分をおとしめてくる男とは絶対に付き合っちゃダメだ。

見逃すな！　モラ男が必ず言うセリフ

壮絶なモラ男と付き合った〝おかげ〟とは言わないけれど、いまは、モラ男専門家です、と言えるくらい、「モラ男アンテナ」がぴぴっと立つ。

だいたい、ヤツらは最初は優しいんだよね。そして基本的に距離感を詰め**てくるまでが早い。そして、すぐに束縛してくる。**付き合ってすぐに同棲しようとか結婚したいと言うヤツは、マジで要注意。家族や友達と縁を切らされたら、モラ男確定といってもいい。

ヤツらはだいたい「**俺が悪いんじゃなくて、おまえが悪い**」と言う。「もし俺に悪いことがあったとしても、それは俺をこうさせているおまえが悪い」って論理。「俺のためにこのくらいのことできないの?」「その程度の愛?」なんてセリフもヤツらの常套手段。ほぼ洗脳だ。

結婚するまで、いつだって試着期間だよ。いや、結婚していたって離婚すればいいのだけど、もしパートナーにそういう傾向があったら、即、距離を取ったほうがいいと思う。逃げるが勝ちだと思う。

いい恋愛が生まれる魔法の言葉「私は国宝」

いい恋愛をしたいとき、その法則は、シンプル。

一番大切な、真に愛し愛されるパートナーとの関係性を築いていくのに大切なポイントは、自分が自分自身を好きでいるか、信頼しているか、ってこと。

この話、とっても大切なことだから、きちんと説明したいと思う。

ちょっとイメージしてみてほしい。

誰かが、その人の宝物を大事に持ってるとする。それは人によってさまざまな自分だけの宝物。大きなダイヤモンドかもしれないし、お母さんの形見のネックレスかもしれない。大事にしていた思い出のぬいぐるみかもしれない。

その宝物に対しての価値を決めているのはその人だよね？　ほかの誰かにはそう見えないかもしれないけれど、本人にとって、それはものすごい宝物。

もしそんな宝物を、奪ったり、見下げたり、雑に扱う人がいたら？

「ちょっとやめてよ」って、なるよね？「これは私の宝物なんだから」って。

「こんな石ころ？　意味があるの？」とか言ってくる人は、私ならいらない。

「すっごく素敵なダイヤモンドだね」「素敵なネックレスだね」「思い出の詰まった可愛いぬいぐるみだね」と、「それは価値がある」と、わかってくれる人だけを受け入れる。

この「宝物」ってね、自分自身のことなんだ。
大事な大事な宝物。これがあなた。

だから、この宝物をあなた自身が誇れるためにはどうしたらいいか？

もし自分が雑に扱っていたら、そりゃあ周りの人も、ああ、これ、ゴミなんじゃんって思うでしょ？　じゃなくて、立派な容器に入れて、磨き上げて、祭り上げて、もうなんなら博物館に展示して……そしたら、みんなは「よくわかんないけど、すごそうだよね」って、これは大切に扱うべきものって思ってもらえる。

博物館に青銅器が飾ってあっても、まぁその価値私にはわからんよ？　変な壺にしか見えんけど？　でも、大切にすべきものなんだということはわかる。触れちゃいけない。間違っても割っちゃいけない、ってね。

すべての人間関係の土台になる「自己肯定感」

自分がどれだけ自分自身を、つまりこの「宝物」を、大事にしているかで、人からの評価は変わる。

もちろん選ぶ男も、友達も付き合いも変わってくる。

だから私は、恋愛や人間関係の相談を受けたら、この「私＝国宝級に超大事な宝物」の話をして、こんなふうに自分を扱うことを大前提にしてる。

国宝級に価値あるこの宝物と、どこかよその女と天秤にかけるような男は、私のほうから願い下げよね？

この宝物を、「何それ？　価値あんの？」って笑ってくる友達なんて、友達でもなんでもないよね？

モラ男と付き合っていた暗黒時代にはとてもこんなこと思えなかった。でも、私はダイエットをしながら、自分の毎日に向き合って、ひとつずつ自己肯定感のかけらを積み上げてくることができた。

その経験から、いまは私を、まずは私が大事にする。そう決めている。
からだと一緒に心も育てるダイエットって、やっぱりいいね。そういう女性たちが
ひとりでも増えるといいなと思っている。

私は、そしてあなたは、気高い国宝級の宝石だ。

自分が自分を好きでいる。信頼する。
誰にも、どんな方法でも、
おとしめられることを
ゆるしてはいけない。

モラ男リトマス紙

その1 初めから距離感が近く、速攻距離を詰めてくる

すぐに一緒に住みたいとか、結婚しようとか言い出す。

その2 「オレの好み」のメイク・髪形にこだわる

何事にも「オレのためにこんな努力もできないの?」が漂っている。

その3 他人には外面がよく腰が低いが、家では自己中で何もしない

異常にスマートな外見と、やたら感じがいい男は要注意。

その4 「なんでおまえはできないの?」が口ぐせ

いつもしれっと人格否定。「おまえのためを思って言っている」が口ぐせ。

その5 いつでも話の腰を折って小さくキレてくる

「オレの質問に答えて」「いまオレがしゃべってるでしょ」が口ぐせ。

その6 いつでもわざわざ探しだしてケチをつけてくる

「ここがダメ、あそこがダメ」自分は何をしてもいいが、おまえはダメ。

その7 「オレの金で食ってんだからな」感を出してくる

口には出さないが「女は黙って男の後ろ、生意気言うな」と思っている。

その8 オレのものはオレのもの、おまえのものもオレのもの

一緒に見るDVDはオレの趣味。おまえが観たいものはオレがいないときに観ろ。

その9 急にキレて何時間でも怒り続ける。平気で大声を出す

何事も「おまえがオレを怒らせた。悪いのはおまえ」という思考回路。

その10 家族や友達との連絡を疎み、しまいに縁を切らされる

生活のライフラインを全部握ろうとする。かつ自分では手を下さない。

その11 今日こそ別れようと思うのに別れられない

わからない理論をこねられて、会うと別れられなくなる。一刻も早く夜逃げしかない。

第3章 やせたら人生変わるんじゃない、心が変わるから人生が変わっていく

脳内脂肪に埋もれた素直さを取り戻せ！

素直になれた人から人生は激変していく

素直さを思い出せ

私がまさにそうだったけど、脳内脂肪がべったりついている人は、素直じゃない。お母さんのお腹の中に素直さを落としてきちゃった？　ってくらい、素直じゃない。

でもこの忘れ物って、思い出すことができるはずだ。というのも、私もデブ時代に**脳内脂肪にかき消されていた素直さが、**ダイエットを続けて少しずつやせるうちに、戻ってきた。失われた鎖骨が顔を出すみたいに。


太っているときは、いじられるのが嫌で、人が集まる場所では、それを上回る自虐をぶちかまして笑いをとるのに必死だった。前に言った「腕、太いと思ってるでしょ。腕じゃないよ、前脚だよ」に始まり、「よく食うな～って思ってる？　私、ダイソンだから。吸引力落ちないから」とか。

デブって、本当にことあるごとにいじられる。私が、明るいデブだったということもあるだろうけれど、体型だけじゃなくて、ネイルもヘアも、全方位いじられた。

「デブのくせに爪きれいにしているんだね」「デブだけど髪のつやいいね」とか。顔では笑っていたけれど内心それが嫌で、先んじて笑いに走る。私にはそのほうが、いじられるよりはまだマシだったから。

でもそのとき、私は自虐しながら思ってた。本当は、こんな自虐したくない。でも、太っていると、少なからず人の顔色うかがう癖がついていたから、どうしようもなかった。

自覚はなかったけど、自分に毎日ウソをついてたってことだよね。デブでも、自分にウソなく「自分が好き」と言えたなら、やせる必要なんてないんだけど、私は自分に素直じゃない大ウソつきのデブだった。私がいま、デブ脳と言って一刀両断しているのは、まさに私のこと。デブ脳ofデブ脳。最強のデブ脳だった。

いつでもどこでも、次の瞬間には言い訳が次々浮かんだ。

「私、太っていても彼氏いるし」

「性格も明るいし」

「友達も多いし」

「いまなんて、プラスサイズモデルもいるよ?」

「そういうのもアイデンティティっていうか？」

……本当は私もやせて可愛くなりたい、本音はそれだけなのにね。

言われたことはやってみよう！素直さは自分を変える魔法

でも、ここまで話したように、ちゃんと心も育つダイエットを重ねてやせたら、自分のことを、ひとつずつ、ちょっと肯定できるようになった。

とびきり可愛い女子を見て、もやっとするんじゃなくて、素直に「この子のメイク、私も取り入れてみよう」と思えるようになった。

素直に綺麗な人、やせている人の真似をできるようになったら、自分も綺麗になれるし、モテるようになった。自分を偽る必要も、ましてや自虐する必要なんてなくなるから、どんどん素直になっていく。素直さの好循環スパイラルが回ってきたんだと思う。

サロン生を見ていても、「1時間自転車こげ！」って言って、すぐに素直にやれる人は、結果がついてくる。「続かなかったらどうしたらいいですか?」「やって本当に効果出ますか?」なんて、何かとちゃちゃ入れてくるのは、素直じゃない証拠。

面白いように、素直になれた人から、からだも人生も激変していくってことを、私はサロン生からも日々教えてもらっている。

素直な目で見て、素直な耳で聞けば、すべての物事は学びになる

もうひとつ。素直になってできるようになったのは、気持ちの言語化。これは、友達に対しても彼氏に対してもそう。

素直に自分の気持ちを伝えられるようになると、何か相手に言いたいことがあったとしても、それはケンカではなく、「気持ちの説明」「意見交換」になる。

感情的にならないから、「ちゃんと話せる人」「自分をわかってくれる人」と思ってもらえる。人生についての深い話もできるようになる。

これも自分が自立して、自分のことをきちんととらえられるようになって、自分を

好きになれて心の余裕を持てるようになったからだと思う。

お互いにちゃんと気持ちを言語化して伝え合える関係は、長続きする。

私はいつまでも、このプロポーションを保って、もっともっと、自分が見たこともない最高の自分になろうと思っている。でも、とはいえ、若さに基づく美しさって、どんどん目減りするのも事実。サイボーグじゃないんだからね。

じゃあ、歳（とし）をとったときに何が武器になるかっていえば、内面の成熟。そしてどれだけ内面を磨いていけるかは、素直かどうかにかかっていると思う。

騙されたと思って、素直になれ。素直になれただけで、人生は180度変わっていく。

負けず嫌いは、誰かにじゃなくて自分だけに向けろ！

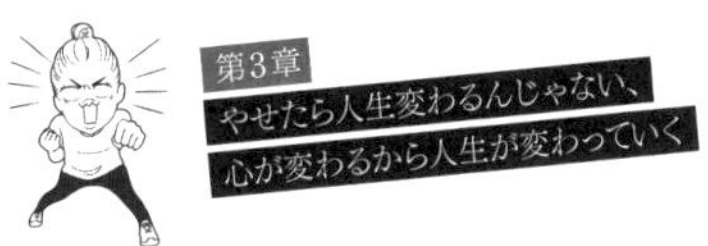

心に湧く「もやもや」を正しくとらえる

もし、あなたが誰かにもやもやした気持ちがあるんだったら、その根底には「うらやましい」がある。

たとえば私が〝前脚自虐〟をしていたとき、細い子たちが褒められるたび、毎回もやっとしていた。いや、もやっとするというより、悔しくてしかたなかった。いや、悔しいどころか死ねばいいのにって思ってたな。

「なんであの子ばっかりチヤホヤされんの？」「細いだけで、顔はべつに可愛くないじゃん！」

でも内心、自信満々でへそ出ししている細い子たちがうらやましいとも思っていた。私もあの服着たいなって。

いま思えば、細い子を見て揚げ足取りばかりしているときの自分って、本当に醜いよね。結局それって、うらやましいだけだったから。

ただ、私がラッキーだったのは、ダイエットの過程で、この感情を素直に認めるこ

いた。

とができるようになったこと。そして、素直になれたら余計なプライドもなくなって

女子って早くも小学生ごろから、マウンティングが始まる気がする。子どもですら、自分が誰かの下にいることを認めたくないって謎のプライドがあるんだと思う。私も思ってたもんね、「たしかに彼女は可愛いけれど、それを認めちゃったら、私に何が残るの？」って。プライドって嫉妬と表裏一体だ。

でも、このプライドって人生において一番いらない。このプライドのせいで、一歩前に進めない。素直な人にくらべて、めちゃくちゃ損をする。

謎のプライドのせいで、負けず嫌いを人に向かって出す人がいるけれど、あれはやめたほうがいい。

だって、目の前の人と自分なんて、どうせどんぐりの背比べだよ。そいつに勝ったって負けたって、上にも下にも死ぬほど人がいる。死ぬほど人がいるのに、ここでせせこましく勝った負けたして、何の意味があるんだろう。

逆に、ここでもし、そいつと張り合わずに手を組んだとしたら、10人にも100人にも勝てる可能性がある。だから、近い人にわけのわからない競争心をむき出しにす

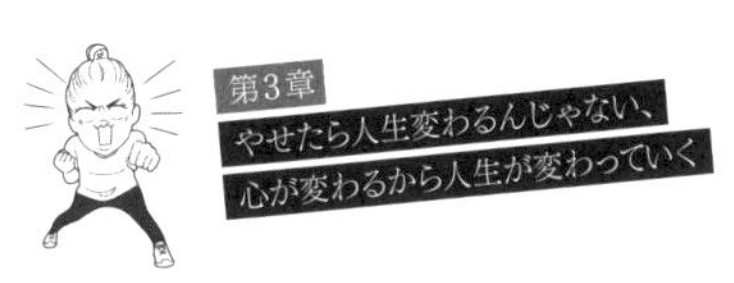

るのは、ほんと、バカのすること。誰とも張り合う必要はない。張り合わずに、素直にその人を認めて、手を組んで、一緒に上にあがるほうがよくない？

負けず嫌いって、人に対して発動させるものじゃない、自分に向けるものだ。自分のことに対して、負けず嫌いを爆発させろ。昨日の自分に負けることは、何より恥ずかしいこと、そう思うべし。

「昨日の自分は頑張れたのに、今日はやらなくていいの？　いや、やるでしょ」

「これは食べないって決めたのに、食べるの？　自分に負けていいの？」

そんなふうに、自分に対して負けず嫌いを発揮できたなら、どんなこともうまくいく気がする。

自分以外のすべては「学習対象」と思えたら最強

誰かのいいところにもやもやするなら、自分も取り入れる、なんてまっとうなこと

を言っちゃったけれど、これ、嫌なヤツが相手でも同じ。

どんなに嫌なヤツだったとしても、どっかには、1個くらいは強みってあるはず。それを盗めるかどうかって、人生を分ける気がする。


人間の中で一番強い人って、「自分以外を全員、学びの対象だ」ととらえられる人だと私は思ってる。


もちろん、好きな人、嫌いな人はいてもいい。

だけど、嫌いな人からも学べるところがあるんだったら、全部盗み取っちゃえばいいし、嫌なところは自分がほかの人にしていないかを振り返る。こんなふうに、あらゆる人から学べたなら、成長のスピードは爆速、最強になれるはず。


私にとってその原体験は、小学校6年生のときだった。

クラスにいたとびきり可愛くて、スタイルもよくて、いつもオシャレな服を着ている、それでいて勉強もできて感じがよくて、みんなに人気の女の子がいた。

私はいつもつい彼女を目で追っては、もやもやしていた。そのまぶしさが、私にはうとましかった。目が離せないのに、むかつく。どうしてだろう。

そんなあるとき、ふと気づいた。

「あれ？　これって私、うらやましいんじゃない？」

そうか、私、うらやましいんだ。

気づくと私は気がラクになった。

「じゃあ、私は彼女のどこがうらやましいんだろう？」

私は書き出すことにした。

彼女についてもやもやすること。彼女のいいところ、全部まねしようと決めた。

「いつも笑顔」「いつでも前向きで、誰かが失敗しても、大丈夫、大丈夫と明るく声をかける」「太陽みたい」「やせている」「いつもかわいい」

――私はダークネスだったから、その明るさに「なんやねん」と勝手に悪態ついていたけれど、**まぶしく見えるところ全部、自分のものにしてやろうと思った。**

私はその後中学から私学へ行き、誰も知り合いのいない環境に飛び込んだのだけど、そのときには、彼女の「まねしたい素敵なところ」にさらにプラスして「理想の女子」の要素を書き出し、そうなろうと決めた。

「何を言われても動じない」「嫌われることを恐れない」「顔色をうかがわない」「自分の意見をはっきり言う」……結構具体的に書いていたと思う。こんな女子がいたら最強、という要素を箇条書きしていく。できるようになったら横に○をして、まだできていない項目はチェックした。

理想の女の子を最初は「演じて」いたけれど、積み重ねる日々で少しずつ、見える景色が変わってきた。「これまでずっとこうでしたよ」と言わんばかりに、家で見よう見まねで「コソ練」をしてスカートの長さを思い切り短くしたりした。

うらやましいと指をくわえていないで、自分のものにしてやろうと思えた私は、環境が変わったタイミングで、新しい自分をスタートさせることができた。

人は、誰からも学ぶことができる。
変化の先には、新しい自分、新しい世界が待っている。

私はそれを知った。

それで言うと、最悪の経験だったけれど、私は例のスーパーモラ男からも、学べることはあったのかもしれない。理不尽で最悪だったけど、料理や所作やマナーを学んだのもこのときだった。

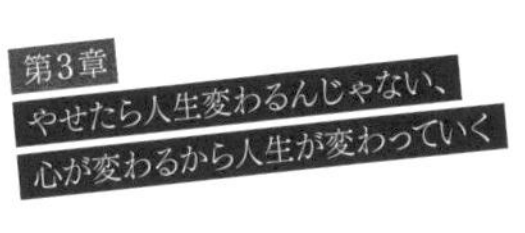

私がデブ時代にほのかに恋心を抱いていた先輩に再会して、存在を忘れられていたと知ったとき。悲しかったけれど、デブは視界にも入らないってことを学んだし、「いまなら全然付き合えるよ」って、その上から目線にムカついたから、自分が逆の立場になったときは、そんな手のひら返しはしないって思うことができた。

まあ、どんなクソからも、学ぼうと思えば学べる。自分次第なんだと思う。

1日は24時間しかないし、出会える人の人数なんて限られている。周囲の人、目に入るもの、すべてを最大限有効活用して、自分のものにしよう。

最強の自分になるために。

負けず嫌いはすべて自分に向けよう。
誰がどうした、よりも大切なのは、
あなたが今日何をしたかだ。

モテるのはいつも機嫌のいい女。不機嫌は諸悪の根源、自分の機嫌は自分でとれ！

友人
ごめん
2時間
遅れる
オッケー！
彼氏
前に言ってたお店、
予約いっぱいだって…
オッケー
オッケー！！
やだウケる、
鳩にまで熱愛されとる
これがホントの
ウンキUP！

自分に自信があると、心が広くなるって知ってた？

これは仕事でもプライベートでも同じだけれど、自信があると、相手が30分遅れてくるとなっても、全然気にならない。それは、自分の時間を楽しめるから。2時間遅れるっていうなら、そうなの？　じゃあその間、マッサージにでも行ってくるわってなる。

それが、自信がないヤツが相手だと急にこじれる。ただ忙しくて遅れてくるだけなのに「どうして私のことを大事にしてくれないんだろう」とか、勝手にマイナス思考。あげくの果てには「彼、好きな人ができたんじゃないか」とまで被害妄想がふくらんでしまう。これ、相当ウザいでしょ。

そして、自分に自信がない人ほど、相手にめちゃくちゃ期待する。**相手の反応で自分の価値をはかろうとするから、相手に過剰な期待をしちゃう**んだよね。それで、期待どおりの反応がこなかったら、勝手に落ち込むわけ。

そういうときって、人間関係のパワーバランスが崩れているということ。自分が満たされていない人は、「もっとして」「もっと欲しい」となる。**自分に空いた穴を自分ではなくて誰かに埋めてもらおうとする。**そういう子と一緒にいると、恋人でも友達でも疲れるでしょ。

あるとき、付き合っている彼が用事があってコンビニに行くというときに、「何か欲しいものある？」って聞いてくれた。

私は、「じゃあガムが欲しいな」って言ったら、わかったと言って、彼はコンビニに行ったんだけど、帰ってくると彼は、それを買ってくるのを忘れていた。

彼は、ごめんねごめんねって、すっごく謝ってくれたんだけど、私は、全然いいよって答えた。それでも何度も謝るから、「いや、私、そんなに人に期待してないから」って伝えてみた。

だって、期待してないって言うと言葉は悪いけれど、本当に欲しいものだったら、自分で行くだけだし、彼に何かをしてもらって当然とは思っていないから。コンビニであなたの目的が達成されればそれでいいし、なくてもともとなんだから、全然気に

しないで、って。

自分が満たされていたら、相手に何かを求めようと思わないよ？

私は人の行動や態度で、落ち込んだり不機嫌になったりしない。

誰だって、どうせ会うんだったら、キラキラしていて機嫌のいい人がいいよね。

男にモテるのも、女にモテるのも、要素は同じ。

自分に自信がある人はキラキラしているし、人を惹きつける。自分に自信があるからこそ、相手にも負担をかけない。

自分に自信が持てるようになると、男も女もまとめて、全人類全方向、愛される。

悪口は女を最短距離でブスにする

言葉の力は強い。自分で自分を縛る。だから、マインドコントロールじゃないけれど、言葉の力を有効利用したほうがいい。

私はサロン生にも「あんまり人の悪口は言わないほうがいいよ」と言っている。ぷにちゃん毒舌でしょ？　と言う人もいるかもしれないけど、毒舌だけど、人の悪口は言わないよ。

結局のところ、どんな言葉も、それを一番大きな音で聞いているのは自分の耳だから。マイナスの言葉の響きって、必ず自分に返ってくる。

毎日毎日、負の言葉ばかり聞いている人間が、まともな人間になれるわけない。

だってそれってシンプル。人の悪口言ってるときの顔を、鏡に映してみ？　ほんとに口角が下がって、目と目の間にシワが寄るから。顔はどんどんブサイクになっていく。これは断言してもいいけれど、人の悪口は、人を最短距離でブスにしていく。笑顔で悪口を言う人はいない。いたらサイコだよ（笑）。

だったら、いろんな人のことをポジティブに褒めてあげたほうが、自分の耳にとってもいいし、周りの人たちにとっても気持ちいい。

ポジティブになれる簡単な練習

それに、人のいいところを探そうという気持ちで人と接していると、おのずと、自分のための勉強にもなる。さっき素直になるのが大事だと言ったけれど、人の良さを探してそれを取り入れていったら、どんどん綺麗になるしモテるようになる。面白いようにね。

これは、簡単に練習できる。

まず、誰かが意見を言ったら、とりあえず「それ、いいね」と言う。もし、その意見に反対でも、まず「それ、いいね」。そのうえで、「でも、こっちもいいね」と加える。すると、反対意見だとしても、ポジティブなニュアンスが漂う。

そういう言い換えができるようになると、その言葉を聞いている自分の耳も脳も、ポジティブになっていく。

もうひとつ、大事なのは、「いつでも自分を褒めること」「人が自分を否定したとしても、自分は自分を肯定し続けること」。

私はいまだに、「え、ジムに通ってるようには見えない～（まだデブだね）」って言われることがある。でも、そういうときは「でも私、このからだ、結構気に入ってるんです。もちろん、まだ改善の余地はあると思うんだけど、いまは頑張っている途中だよ♡」くらいは返すね。明るく、可愛くね。

そうすれば、相手も嫌な気持ちにならないし、お互いマウントにもならない。

いつでも、自分を肯定してあげることを忘れないで。

愚痴は口から出さずに紙に書いて捨てる

本当に嫌なことがあるときでも、私は口に出して愚痴は言わないと決めている。

「どんなに仲がよい子にでも、愚痴を聞かせるもんじゃない」っていうおかんの教えで、私は小学校のときから、人に愚痴を言わない、というのが習慣になった。

でも、そう言われても、どうしても愚痴りたいときってあるでしょ。そのときは、紙に書き出すようにしていた。

「今日、あいつの発言がマジでムカついた。家に帰るときに、転んでケガすればいいのに」とか。結構ひどいことを書いていた気がする。でも、誰にも見せず、破いて家で捨てちゃうから大丈夫。書いた私は、破りながらなんだか心がすっきりしていた。

いまは、紙に書くというよりは、スマホに自分の感情をメモしている。とくに、自

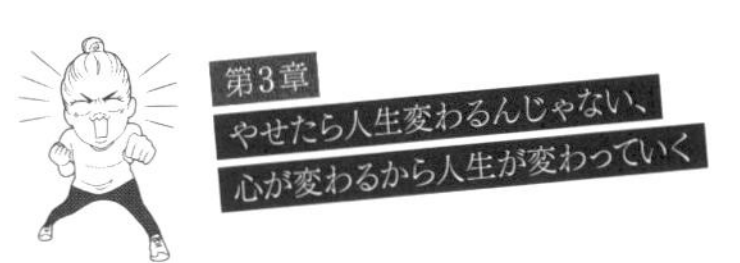

分が怒ってるときとか、感情が昂(たかぶ)っているときは、それを全部文章にして出してみるようにしている。

感情的なときだから、支離滅裂だ。でも、書いていくうちに、自然と頭を使うから、理性が顔を出す。徐々に感情のもやもやが整理されていく。

「あれ？　私はこれが原因でイライラしていたのかな？」とか、「いや、違う。根底にあるのは、この感情じゃないかな」とか、冷静になれる。

そうやって普段から言語化する訓練をしていけば、自分の中にある負の感情を落ち着かせることができる。人に伝えるときも、その落ち着いた言葉で伝えればいい。紙でもスマホでもＯＫ。一度テキスト文字にしてみる効果ってあなどれないよ。

言葉は魔法。自分をよくするも悪くするも自分の言葉次第。

挨拶は「自己満足」でOK。誰かのためじゃなく、自分のためにやれ！

挨拶を返されなかったときはどうする？

この間、サロン生におしゃべりしていたとき、妙にみんなに刺さったみたいだったのが「挨拶なんて、自己満なんだから、人の返事なんか気にするな」って話だった。

もともと、「職場の人に挨拶をしたら返事がこないんですけれど、私、嫌われているんでしょうか」という悩み相談に答えたんだけど、いやいやいや。そんなところでいちいち悩まなくてよろしい。

もしかしたら、あなたの挨拶がその人に聞こえていなかっただけかもしれないし、イヤフォンしてたかもしれないし、悩み事があってそれどころじゃなかったのかもしれない。彼氏とケンカしたのかもしれない。

まあ実際のところ、何があったかわからないけれど、そんなこと気にしなくていい。

挨拶は大きな独り言。自己満だって思っておけばいいのよ。人の返事に期待なんかしなくていい。

だいたい、みんな人間関係を複雑に考えすぎ。ちょっとだけ、シンプルに考えてみようよ。

人付き合いの最初のスタートは、笑顔で元気に「おはようございます!」って言うことから。それにキレる人間なんていない。キレたらそっちが頭おかしいでしょ。

こっちが不利になることが100パーセントないんだから、だったら全員にやれ。相手の反応なんかうかがうな。「自分が気持ちいいからやってますけど、なにか?」って思っていればいい。

挨拶は「勝手に好意を持たれる」便利ツール

そういえば、大学に入学したばかりの子から、「友達のつくり方がわかりません」っていう質問もあった。「会社で先輩にどうやって声をかければいいかわからない」というのもあった。

これは、新入生だろうが、新入社員だろうが、ベテランだろうが、やることは同じ。とにかく、目に入った人全員に、にっこり笑って「おはようございます!」とか「こんにちは!」「お疲れさまです!」って挨拶すればいいだけ。

そんなに気張らなくていい。恥ずかしいなら、無理に目を見なくたっていい。ただ明るい声で、挨拶する。

それを毎日続けていたら、いつの間にか自分にも相手にも「この人とは知り合いだ」っていう脳センサーが働く。だから、挨拶以上の会話になったとき、スムーズに進むようになっている。

次の会話は「消しゴム貸して」でいい。そのときにはもう、仲よしって雰囲気になってる。先輩だったら、「おはようございます。お疲れさまです」で、十分気の利く子だと思われる。

挨拶ほど、コスパのいいツールはないよ。

私なんか、高校時代に塾の同じクラスの子たちに、男も女も関係なく毎日挨拶してたら、なんか勘違いされてしまいにはストーカーされるくらいにまでなったよ。挨拶って、それくらい、人に好意を持たれるわけ。

なんかたとえが極端になっちゃったけど、まあ恋愛感情が湧いて、あとをつけていっちゃうくらいには、挨拶って効果絶大ってこと。

友達がつくれない。会社で交流ができない。男の人と話せないっていう人は、まずは挨拶から始めてみて。

ポイントは、「思っているより大きめの声を出す」ってこと。みんな、思ってるよりは声が出ていないよ。体育館で声出す気持ちくらいがちょうどいいと思う。

生きるのが辛いと思ったら

私の自己肯定感が地の底にあったときの話もしたけれど、私には、自殺未遂をした経験がある。

小学生のときだ。転校した先の担任の先生にいじめられた。担任にいじめられるなんておかしな話なんだけど、私はクラスの中でターゲットにされた。

授業中に絶対答えられない質問をされて、私が答えるまでクラス全員教室から出さ

せないことが続いた。私だけ休み時間にトイレにも行かせてもらえなかったから、4年生だったのにおもらしまでさせられた。先生は私に「うわ、こいつおもらししてるよ。きったねえなあ。早く保健室で着替えてこい」と言った。

そのころは毎晩眠れなかった。寝て朝がきて学校に行かなきゃならないのが怖かった。忙しい親に心配をかけたくなくて相談もできず、クラスメイトは見て見ぬふりで、学校をサボるなんてことも思いつかなくて。そのときの私には逃げ場所がなかった。死ぬことだけが解決策のように思えた。

で、首を吊ろうと考えた。

でもやっぱりそこは小学生。紐がうまく結べなくて、吊ったつもりの紐が切れちゃった。これじゃ死ねないと思って、ネットでかたっぱしから「ちゃんと死ねる自殺の方法」を探した。

自殺の方法を探しているときに、ＢＵＭＰ ＯＦ ＣＨＩＣＫＥＮの「Ｋ」という歌のフラッシュ動画に出会った。孤独な猫が、たったひとりの人間の親友を得て、その友人の遺志を届けに千里を走り力尽きるそのストーリーに、ただただ心奪われた。

ＢＵＭＰ ＯＦ ＣＨＩＣＫＥＮって、なんてカッコイイ曲を書くんだろう。どの歌も、擦り切れてボロボロになった私の心に染みた。

ＢＵＭＰのことを調べているうちに、今度は、チャットという世界があることを知った。私はＢＵＭＰについて語る人たちのチャットルームに出入りするようになった。私の好きなＢＵＭＰを、好きな人たち。共通の話題はそれだけでよかった。

それまでずっと眠れない夜を過ごしていたんだけど、そのチャットルームでお姉さんたちと話していたら、あっという間に朝がくるようになっていた。相変わらず学校には居場所がなかったし、担任のいじめはひどかったけれど、ネットの中のこの世界でなら生きていけるかも。そんなふうに思った。

死に方がわからないなら、とりあえず今日を生きてみる

そんな新しい世界に出会ったころ、ネットにこんな記事を見つけた。

「死にたいと思う人に見てほしい。べつに止めはしないし、死ぬのはいつでもできる。むしろ自殺であれば唯一自分で死に時を選べる方法だ。だからこそ、いつでも死ねる

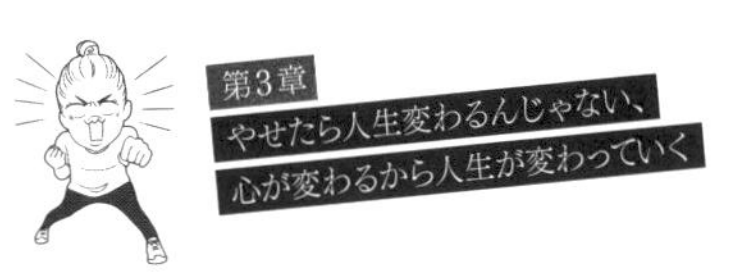

んだからと考えてほしい」

そして、「まずは、死ぬ日取りを決めてみよう」と提案されていた。自分が決めた死ぬ日までは自暴自棄に過ごしてもいいし、お金を使いまくってもいい。誰かに文句を言われたら、「いや、どうせ死ぬし、関係ないわ」って気持ちで過ごせって。

それでもし、いいことがあったら、死ぬ日を少しだけのばせばいい。そんな感じの内容だった。

さらに、「死ぬ日を決めたら、そこから先はおまけの人生だ」って考えるのもおすすめだと。嫌なことがあっても「まあ、おまけの人生だし」と思えばいいし、本当に嫌だったら死ねばいい。いつでも死ねるんだからとも書かれていた。

その言葉は、私の胸に刺さった。

「そうか。とりあえず、まだうまい死に方も見つからないし、いったんここからはおまけだと思って好きなことをやってみよう」

そう腹落ちした私は、何を思ったか薬局で毛染め剤を買った。

それまで私は、いい子で親の言うことも聞く子だったんだけど、お小遣いで毛染め剤買って、お風呂で髪の毛を染めた。実際にはそこまで色は変わっていなかったと思

うけれど、朝、その髪で外に出たときのことを、私は一生忘れないと思う。

玄関を開けた先に広がっていたのは、いままでとまったく違う世界だった。

キラキラと光がさして、その色も鮮やかで、すべてのものの輪郭がくっきり浮かんでいる。風は優しくそよいでいて、足元のタンポポが、花ってこんなに綺麗だった？と見違えるような色彩を放っていた。詩人の気持ちがわかっちゃうくらい、感受性が爆発していた。

「どうだ！　私は髪を染めたんだぞ。こんなことできる小学生、ほかにいないだろ！」

たかが毛染めだけれど、私は勇気を出して、新しい自分自身の扉を開いた。

新しい自分、新しい世界。私はこの本を通して、新しい自分の扉を開く勇気を伝えたいと思ってきたけど、その根っこはこの経験。

あの朝の、いつもの玄関のドアの向こうに広がっていた、まったく新しい世界。

それをあなたにも味わってほしいから。

逃げることは「環境を変える」立派な方法

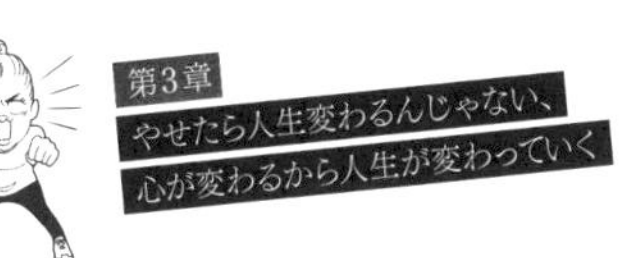

もし、いま、苦しい思いをしている人がいたら、その人に伝えたい。学校や職場から避難することは、「逃げる」ことじゃない。それは「逃げる」んじゃなくて「環境を変える」という、とても賢いやり方。それを選べる自分を褒めてあげてほしい。

高校時代の友人に、私立のすごくいいお嬢様学校から、うちの学校に転入してきた子がいた。その子は特殊な趣味を持っていて、個性的な格好をしていたんだけれど、そのせいで前の学校ではいじめられていたらしい。

うちの学校ではむしろ彼女は人気者で、私も彼女が大好きだった。どんなに私立のいい学校だったとしても、ひどい扱いを受ける学校にいるくらいなら、別の学校にうつっちゃえばいいんだと思う。

私は彼女のその勇気を素晴らしいと思うし、みんなにも「逃げる」じゃない「環境を変える」ことを選ぶ勇気を持ってほしい。

物事って、不思議なことに、あるきっかけでドミノのように一変していくことがある。

私がネットに自分の居場所を見つけたころ、私をいじめていた担任が学校を去った。生徒に対するわいせつが明るみに出たからだそうだ。あとから知ったけれど、学校には何人も被害者がいて、彼女たちが声をあげたのだという。先生が私をいじめていたのも、私に手を出そうとして、それをきっぱりはねつけたからだったらしい。クラスのみんなも、私のようになるのが怖くて何も言えなかったのかもしれない。

ネットでBUMPに出会って、ブログに出会って「あとちょっとだけ生きてみようか」をくり返した私は、その「ちょっと」の間に、自分をとりまく周囲の環境ががらっと変わったのを知った。担任が目の前から消えたいま、私が死ぬ理由もなくなった。そこから、私の「おまけの人生」が続いている。

「おまけの人生」と思って、自分を楽しみ尽くす

私がオンラインサロンのみんなを本気で大事に思っているのは、私自身の人生が、かつてオンラインのチャットルームに救われたものだから。

もし、いま生きる意味がないって思っているサロン生がいたなら、一緒に私と生きていきませんか？　って言いたい。**もしあなたの人生に意味が見つからないなら、私があなたの意味になります。**一緒にバイクこぎながら、私がこれからどんなふうに自分を磨いて、変わっていくのかを見届けてください。

「死にたい」と言う人に「生きてほしい」と言うのは、「生きたい」と思っている人に「死ね」と言うくらい残酷なことだとはわかってる。

でも、それでも私は、生きてほしい。死んだらぷにちゃんが悲しむからと思って、生きてほしい。私も頑張るから、一緒に生きようよ。

そんな気持ちで、私は今日も、オンラインサロンでバイクをこぎながらみんなの質問に答えて、メイク実況をして、ぶっちゃけトークを楽しんでいる。

私は、このおまけの人生を、最強の私で、最高に楽しみ尽くすと決めている。

パアーッ

あとがき

最後まで読んでいただいてありがとうございました。

ダイエットの本と言いつつ、この本にレシピもトレーニングメニューもないのは、「メンタルが変わらないと人は変わらない」と私が心の底から信じているから。

太っていた私の脳内にべっとりへばりついていた脳内脂肪。「これ知ってれば、回り道しなくてすんだかも」と思う事柄を、この本には詰め込みました。ダイエットしたい人の脳内脂肪をごっそり吸引できているといいなぁ。

3年間の停滞期（定着期、ね）を経てパーソナルジムに週一で通い始めた最初の半年くらい、じつはまったく体重が落ちなかった。食事報告しつつ、陰で食べたいものをこっそり食べていたから。トレーナーさんが半泣きの顔でこう言った。「ぷにちゃん、ぷにちゃんがやせようと思ってくれないと、僕たちはぷにちゃんをやせさせることって、できないんですよ」と。――そう、私がこの本で言いたいのは、このこと。

どんなに大金払おうと、自分が動かないと、あなたの心が動かないと、変わらない。

反対に、自分が本気になりさえすれば、どんなこともできるよ。自分の努力だけでかなえられる夢なんて、ダイエットくらいのもの。それなら、かなえようよ！

コロナが落ち着いたら「変身イベント」をしたいっていうのが私の当面の目標。自分の一番美しかった瞬間が結婚式、というのはもったいない。ふだんは着ていく場所なんてない、背中がガッツリ開いたイブニングドレスを着て、ヘアメイクもバッチリして、プールサイドのあるホテルの会場なんかで、女性たちが輝く自分を味わえる時間をつくりたいと思っている。半年以上前から告知するから、準備万端、磨き上げたからだでみんなで集まろうね。

あなたを最高のあなたにできるのは、あなただけ。扉を開くのはあなた自身。

私ももっと頑張る。一緒に頑張って、新しい自分に会いに行こう！

2021年8月吉日

ぷにちゃん

ぷにちゃん

30キロやせて人生を激変させた経験をSNSで発信するカリスマダイエットモチベーター。29歳。22歳からダイエットをはじめ、78キロから6年かけて30キロ減量。念願の48キロを達成し、キープ中。「1時間の有酸素運動」「食事は"エサ"をぶち込め」「困ったときのキュウリナイト」等、誰にでも取り入れやすいシンプルなダイエット法と、「オンラインサロン生たちの質問に答えながら一緒に運動する」というスタイルでフォロワーたちを熱血支援。続々とダイエット成功に導いている。サロン内ではダイエットはもちろん、恋愛、ファッション、またメイクシーンやトレーニングの様子まで、ざっくばらんに自らを語り、10代学生から主婦、50代まで幅広い熱狂的ファンを有す。彼女たちは「ぷにらー」を自称。その恋愛・結婚観、仕事観やパートナー選び、人間関係改善の考え方は「刺さりまくる」「人生が180度変わった」と大評判。オンラインならではの関係性づくりで、女性たちそれぞれの新しい扉を開く勇気を後押ししている。

インスタは
こちら

イラスト　栗生ゑゐこ
デザイン　萩原弦一郎（256）
構成　佐藤友美
DTP　髙本和希（天龍社）
編集協力　乙部美帆
編集　橋口英恵（サンマーク出版）

ぷにちゃんの
脳内脂肪吸引

2021年9月10日　初版印刷
2021年9月20日　初版発行

著　者　ぷにちゃん
発行人　植木宣隆
発行所　株式会社サンマーク出版
〒169-0075 東京都新宿区高田馬場2-16-11
電話　03-5272-3166（代表）
印　刷　共同印刷株式会社
製　本　株式会社村上製本所

定価はカバー、帯に表示してあります。
落丁、乱丁本はお取り替えいたします。
ISBN978-4-7631-3923-8 C0036
サンマーク出版ホームページ　https://www.sunmark.co.jp